STEPHAN PÖRTNER

Bin gleich zurück

KOMISCHES
AUS DEM LEBEN VON
BEAT SCHLATTER

*Für eine besondere Person
Beat Schlatter*

orell füssli

*Olten, den 12.10. zwölf
St. Pörtner*

© 2012 ORELL FÜSSLI VERLAG AG, ZÜRICH   WWW.OFV.CH   RECHTE VORBEHALTEN
Dieses Werk ist urheberrechtlich geschützt. Dadurch begründete Rechte, insbesondere der Übersetzung, des Nachdrucks, des Vortrags, der Entnahme von Abbildungen und Tabellen, der Funksendung, der Mikroverfilmung oder der Vervielfältigung auf andern Wegen und der Speicherung in Datenverarbeitungsanlagen, bleiben, auch bei nur auszugsweiser Verwertung, vorbehalten. Vervielfältigungen des Werkes oder von Teilen des Werkes sind auch im Einzelfall nur in den Grenzen der gesetzlichen Bestimmungen des Urheberrechtsgesetzes in der jeweils geltenden Fassung zulässig. Sie sind grundsätzlich vergütungspflichtig.

KONZEPT UND RECHERCHE: IRIS MUHL, ZÜRICH
REDAKTION UND KOORDINATION: MIRJAM FISCHER, ZÜRICH
LEKTORAT: MARION ELMER, ZÜRICH
KORREKTORAT: BEAT ZAUGG
UMSCHLAGILLUSTRATION (BEAT SCHLATTER): MARKUS ROOST, WINTERTHUR
UMSCHLAGGESTALTUNG, LAYOUT, SATZ: TRIX WETTER, ZÜRICH
BILDBEARBEITUNG: DANIELE KAEHR
DRUCK: FGB · FREIBURGER GRAPHISCHE BETRIEBE, FREIBURG

ABBILDUNGSVERZEICHNIS
Oscar Alessio, S. 117 | Elvira Angstmann, S. 32, 65 | Eric Bachmann, S. 119 | Malu Barben, S. 69 u., 124/125 | Fabienne Bühler, S. 224 | Peter Fischli, S. 66 | Michel Gilgen, S. 222/223 | Christian Grund (13 Photo), S. 181 | Gitta Gsell, S. 30 | Thomas Heuberger, S. 120 | Jumbo, S. 123 | Filipa Peixeiro, (Umschlag) | Bruno Torricelli, S. 126 | Beat Schlatter, S. 150/151, 152/153 | Barbara Stauss, S. 68 o. | Andreas Stocker, S. 223 | Vega Film, S. 6 | Sabine Wunderlin, S. 68 u. | Nachlass Andreas Züst/Graphische Sammlung, Schweizerische Nationalbibliothek, S. 28, 116, 240 |
Repros: Daniele Kaehr, S. 3, 27, 64, 118, 128/129, 184, 185, 228/229, 230/231, 232/233

Der Verlag und Autor haben alles unternommen, um die Fotografen der hier abgebildeten Fotos und deren Copyrights ausfindig zu machen. Leider ist dies nicht in allen Fällen gelungen. Wir bitten um Verständnis und möchten alle betroffenen Personen auffordern, sich mit dem Verlag in Verbindung zu setzen, damit die fehlenden Informationen bei einer zweiten Auflage nachgetragen werden können.

HERZLICHEN DANK AN MIRJAM FISCHER. OHNE IHREN PROFESSIONELLEN ELAN UND IHRE MOTIVIERENDE BEGEISTERUNG WÄRE DIESES BUCH WOHL ERST 2048 ERSCHIENEN.

ISBN 978-3-280-05469-7

Bibliografische Information der Deutschen Nationalbibliothek: Die Deutsche Nationalbibliothek verzeichnet diese Publikation in der Deutschen Nationalbibliografie; detaillierte bibliografische Daten sind im Internet über http://dnb.d-nb.de abrufbar.

FÜR ALLE MÜTTER VON SCHWIERIGEN KINDERN.

VORWORT ------ 7

MEIN ERSTER AUFTRITT ALS ROCKMUSIKER ------ 9
HAUSWART-HITPARADE ------ 14
DER ZWÖLFTE MANN ------ 17
DER SCHNAUZ VON BUNDESRAT SCHMID ------ 21
MEINE MUTTER ------ 24
CHRIESI ------ 40
EIN FRISIERTER TRAUM ------ 42
AM CHEMINÉEFEUER ------ 45
WIE ICH MIT 15 EINE WELTMARKE SCHUF ------ 47
AUF DEM SEE ------ 51
MARSEILLE ------ 53
RATTANPOLSTERGRUPPE IM SWIMMINGPOOL ------ 56
HABEN SIE BEZIEHUNGEN
    ZU GLEICHGESCHLECHTLICHEN? ------59
DIE PUPPE IM AUTO ------ 76
DER KAFIRAHMDECKELI-SKANDAL ------ 78
HAT DER TAG BEI IHNEN HEUTE
    AUCH DÜSTER ANGEFANGEN? ------ 80
ICH MAG KEINE FRAUEN, DIE … ------ 84
NEXT STOPP COMO ------ 87
MAGISCHE PILZE ------ 90
MAGISCHE PILZE ZWEITER VERSUCH
    ODER NACH NEW YORK RENNEN ------ 92
EINEN SCHWULEN BEEINDRUCKEN
    ODER DAS GEHEIMNIS BLAUER BETTWÄSCHE ------ 94
OLYMPIADE DER BESTEN FLUCHER ------ 96
HOHER BESUCH ------ 98
EIN PÖSTLER HAT DURST ------ 100
IN ZÜRICH AM CENTRAL DEN VERKEHR REGELN ------ 103
DER BELEIBTE BRUDER ------ 105
DER TAMILE AUF MEINEM SOFA ------ 107
EINE ROLLE ZUM KOTZEN ------ 110

DUZIS MIT DEM BUNDESRAT ODER WIE AUS
    EINER DRITTEN SÄULE EINE STANGE WURDE ------ 112
SCHMUSENDE POLIZISTEN ------ 114
KANNST DU AM SAMSTAG EIN BINGO MODERIEREN? ------ 132
WANN KOMMT DIE POLIZEI? ------ 136
DUSCHEN MIT DEM FCZ ------ 138
DER GEHEIMSTE GEHEIMSCHALTER VON BASEL ------ 139
BRUSTVERGRÖSSERUNG ------ 141
EIN PREIS FÜRS LEBEN ------ 143
DIE PAAR BRÖSMELI HÄND MI NIE GSTÖRT ------ 145
WELCHES IST DIE SCHLECHTESTE BEIZ VON LUZERN? ------ 154
DIE BESTEN WITZE ------ 156
CHRISTIAN GROSS IM TREPPENHAUS ------ 160
IHR SIND IM FALL GANZ PRIMITIVI WIIBER! ------ 163
POLTERABEND ----- 168
EIN BLINDER, EIN LAHMER UND ... ------ 171
WO SCHLAFEN SIE EIGENTLICH? ------ 173
DER WAHRE KÖNIG VON ENGLAND IST EIN BÜNDNER ------ 177
DER HUNDESCHWINDEL ------ 186
DIE GEFÜLLTE KALBSBRUST ------ 188
OCHSENTOUR ------ 191
BÜHNENTAUSCH ------ 194
BEAT SCHLATTER AN UDO-JÜRGENS-KONZERT VERHAFTET ------ 195
DIE LAUTEN BUMSER VON ZÜRICH ------ 199
MONSIEUR CABALON ------ 203
WEINFLECKEN AUF DEM TISCHTUCH ------ 205
KATZENLIEBE ------ 206
IN DIE BÄCKEREI JOGGEN ------ 209
HOSELUPF ----- 212
ZWEI TEDDYBÄREN IN JAPAN ------ 215
GLOBI AUF DEM SOFA ------ 218
BIN GLEICH ZURÜCK ------ 220
BIOGRAFIE ------ 226
WAS ICH MAG ------ 234
WAS ICH NICHT MAG ------ 237

VORWORT

Irgendwo habe ich einmal gelesen, dass Komiker privat überhaupt nicht lustig sind und am liebsten über ernste, schwere Themen sprechen. Weil es gut klingt, hab ich es geglaubt. Bis ich Beat Schlatter getroffen habe. Zwar kenne ich viele eifrige Raconteure und begnadete Geschichtenerzähler, aber keinen, der so viele lustige Sachen erlebt hat. Das liegt auch daran, dass Beat Schlatter das komische Potenzial alltäglicher Situationen messerscharf erkennt und keinen Aufwand scheut, diesem Potenzial zur Entfaltung zu verhelfen. Aus einem Teil dieser Situationen sind Sketche, Theaterstücke, Filme und Shows entstanden. Über andere lachte man im kleinen Kreis, wenn Beat sie erzählte. Mit diesem Buch wird dieser Kreis erweitert. All diese Geschichten, Erinnerungen und Anekdoten sind nicht nur lustig, sie fügen sich auch zu Beat Schlatters Lebensgeschichte zusammen, der so viele Leute zum Lachen bringt und selber so gern lacht ... und zwischendurch auch über ernste Themen redet.

Ich hoffe, Ihnen bereiten diese Geschichten beim Lesen ebenso viel Vergnügen wie mir beim (Auf-)Schreiben.

STEPHAN PÖRTNER

MEIN ERSTER AUFTRITT
ALS ROCKMUSIKER

Es gibt Ereignisse, die das ganze Leben verändern. Eines dieser Ereignisse war für mich das Konzert der Berner Mundart-Rockgruppe Rumpelstilz im Kirchgemeindehaus des Nachbardorfes Thalwil. Mir tat sich an diesem Abend eine neue Welt auf. Ich sah diese fünf Musiker auf der Bühne und wusste: Das ist es. Ich hatte meine Bestimmung im Leben gefunden: Rockmusiker. Von dem Moment an waren die wie üblich vor Abschluss der obligatorischen Schulzeit anberaumten Sitzungen beim Berufsberater reine Zeitverschwendung. Nun musste nur noch eine Band her. In meinen Schulkollegen Roger Deuber und Adrian Richterich fand ich gleichgesinnte Mitstreiter. Weil ich als Tambour in der Jugendmusik gespielt hatte, wurde ich Schlagzeuger. Natürlich wäre ich lieber Gitarrist geworden, aber spätestens jetzt rächte sich mein häufiges Fehlen im Gitarrenunterricht wegen nächtlichen Herumtreibens.
Bei der Namensgebung hielten wir uns eng an unsere grossen Vorbilder und nannten uns Rotchäppli. Wenn Sie noch nie von Rotchäppli gehört haben, so mag das daran liegen, dass wir schon nach dem ersten Auftritt gezwungen waren, unseren Namen zu ändern. Dieser Auftritt fand am Schulsilvester im Singsaal unseres Schulhauses statt. Die Gemeinde Rüschlikon organisierte jedes Jahr eine Party, um die Kinder von den traditionellen frühmorgendlichen Schulsilvester-Aktivitäten wie Briefkästen mit Knallkörpern füllen, Gartentore aushängen oder Türklingeln mit scharfem Senf verschmieren abzuhalten. Den Spass liessen wir uns natürlich nicht nehmen und erledigten all diese Dinge auf dem Weg zur Party.
Heute ist der Schulsilvester im Kanton Zürich abgeschafft. Eine Gelegenheit weniger für Kinder, ein paar Streiche zu spielen. Für die dama-

lige Party betrieben Schulpflege und Lehrerschaft einen regelrechten Aufwand: Der Saal wurde mit Girlanden und Lampions geschmückt, selbstgebackene Kuchen wurden auf langen Tischen bereitgestellt. An diesem Morgen versuchten selbst die strengsten Lehrer – mit einem Plastikbecher alkoholfreier Sangría in der Hand – wie Menschen zu wirken, die auch einmal ganz locker sein können.

An der Silvesterparty wurde üblicherweise getanzt. Dieses Jahr jedoch sollte etwas noch nie Dagewesenes stattfinden. Ein wahrhaftes Rockkonzert. Mit dem Headliner Rotchäppli. Es waren zähe Verhandlungen gewesen, aber irgendwie hatten wir es geschafft, den Gig zu bekommen. Es ist inzwischen kein Geheimnis mehr, warum junge Burschen Rockmusiker werden wollen. Weil man dadurch an Mädchen herankommt, bei denen man sonst keine Chancen hätte. So war es auch bei Rotchäppli. Dieser Auftritt war unsere Chance, und wir wollten, wie man unter Rockmusikern sagt, »dä Hammer anehänke«. Euphorisch begannen wir, im Übungskeller zu proben. Natürlich wollten wir nur eigene Songs spielen, das war Ehrensache. Wir begannen, mit Elan zu komponieren. Die Melodien waren relativ schnell gefunden, nur für den Text wollte niemand richtig zuständig sein. Also fügte der Gitarrist bei jedem Song ein etwa zwanzigminütiges Solo ein. Wer schon mal ein Gitarrensolo gehört hat, weiss, dass eins vom anderen nicht zu unterscheiden ist. Damit der Bassist und ich wussten, wann das Solo fertig war und wir wieder mitmachen durften, betätigte der Solist mit dem Fuss einen Schalter, der eine rote Glühbirne aktivierte.

Der grosse Auftritt rollte unaufhaltsam heran. Wie eine Lokomotive. Und genau von so einer handelte der einzige Liedtext, den wir bis dahin zustande gebracht hatten. Eine Lokomotive, die nicht mehr auf dem ewig gleichen Gleis fahren wollte. Was für ein Bild, was für eine Metapher! Genialer hätte man unseren täglichen Frust über den festgefahrenen Schulalltag nicht umschreiben können. Wir erkannten sogleich das Hitpotenzial dieses Songs, der die Gefühle einer ganzen Schülergeneration ausdrückte.

Zu einem Hit, das wussten wir von unserem einzigen je besuchten Rockkonzert, gehörte eine zünftige Bühnenshow, und die bestand damals meist aus Trockeneisnebel. Eine Lokomotive und Rauch, das passte perfekt zusammen. Wir waren begeistert von der Idee. Doch wo kriegt man Trockeneis her? Wir gingen dorthin, wo man hinging, wenn man etwas Verbotenes oder Gefährliches erwerben wollte: hinter die Turnhalle. Wir wandten uns an einen Mitschüler, der auch Hasch verkaufte und damit ein Experte für Räucherwaren war. Er versprach, seinen grossen Bruder zu fragen, wie das mit dem Trockeneis lief.

Am nächsten Tag informierte er uns: »Es gibt Trockeneismaschinen, die man mieten kann, die sind aber sauteuer. Doch ihr habt Glück: Mein Bruder weiss die perfekte Lösung für euch. Er hat in der Rekrutenschule so Büchsen mitlaufen lassen, mit denen man Rauch erzeugen kann.« Er zog eine militärgrüne Blechdose aus der Jacke. »Ich mach euch einen guten Preis dafür. Für zehn Stutz könnt ihr sie haben.«

Wir handelten Bedenkzeit aus. Bei der letzten Probe im Übungsraum besprachen wir die Sache und einigten uns nach langem Hin und Her darauf, es mit der Rauchbüchse zu versuchen. Wir legten also unsere Ersparnisse zusammen und kauften dem besagten Mitschüler eine Büchse ab. Im Metallabfall auf dem Fabrikareal der Linth & Sprüngli fanden wir ein grosses Stahlrohr. Dieses wollten wir auf der Bühne über die Büchse stülpen und so beim Publikum die Illusion einer rauchenden Dampflokomotive erzeugen. Es brauchte dazu ja nur ein wenig Fantasie. In unserer Vorstellung sah die Sache wunderbar aus. Leider konnten wir die Show nicht proben, da unser Budget nur für eine dieser Büchsen reichte.

Endlich war der grosse Tag da. Morgens um sechs begann unser grosser Auftritt. Alles war perfekt, das Publikum schaute gebannt, als wir mit unserer ersten Nummer abrockten, die hauptsächlich aus oben erwähntem Solo bestand. Als zweite Nummer war schon der Hit an der Reihe. Mit dem Anzählen des Stückes glimmte wie geplant die Zündschnur. Wir legten los. Es sah fantastisch aus. Der Rauch quoll aus dem Rohr, ganz wie bei einer Lokomotive. Es war richtig schöner, dichter Rauch. Viel schöner, dichter Rauch. Verdammt viel schöner, dichter Rauch. Wir spürten erste Beschwerden, ein Brennen im Hals und ein Stechen in der Lunge.

Aber wir waren harte Jungs und liessen uns nichts anmerken. Tapfer kämpften wir uns mit unseren Instrumenten durch den Song. Abbrechen wollten wir auf keinen Fall, auch wenn das mit dem Singen überhaupt nicht mehr ging. Wir nahmen an, dass es für das Publikum wahnsinnig gut aussah. Doch das sah schon lange nichts mehr. Der beissende Rauch füllte den ganzen Singsaal. Eine mittlere Panik brach aus, alle Fenster, Türen und Notausgänge wurden aufgerissen. »Aufhören, sofort aufhören. Hört endlich auf!«, schrien die Lehrer. Wir taten so, als hörten wir nichts. Ich sah, wie der Mathelehrer heldenhaft das Stahlrohr wegriss und versuchte, die Rauchbombe unschädlich zu machen. Dabei verbrannte er sich an der heissen Büchse die Finger und fluchte fürchterlich.

Der Geografielehrer übernahm schliesslich das Kommando. Die Schüler mussten den Saal unverzüglich, jedoch ruhig und geordnet verlassen. So stand morgens um Viertel nach sechs Uhr die gesamte Schüler- und Lehrerschaft draussen vor dem Schulhaus in der Kälte. Da fing es auch noch an zu regnen.

Nach unserem Konzert wäre wie üblich die Disco losgegangen. Gerade die Mädchen hatten sich darauf gefreut. Es war die Gelegenheit, mit dem Jungen, den sie heimlich anhimmelten, endlich einmal im schummrigen, ultravioletten Licht geschlossen zu tanzen. Das Jahr über gaben sich die Jungs obercool und desinteressiert, und wenn es an einem Fez ums Tanzen ging, erstarrten die meisten zur Salzsäule. An Schulsilvester aber tauten sie auf. Dieses Jahr jedoch wurde nichts daraus. Alle Schüler wurden heimgeschickt. Nur wir von der Band mussten dableiben, und der Schulhausabwart zeigte uns auf der Bühne den grossen schwarzen Krater, den die heiss gewordene Büchse in den versiegelten Parkettboden gebrannt hatte.

Die Band Rotchäppli war nun bei Abwarten, Schulpflegern, Lehrern, Schülern und – am allerschlimmsten – bei den Mädchen verhasst. Doch wir dachten gar nicht daran, den Bettel hinzuschmeissen. Wir nannten uns einfach um. Von nun an hiessen wir »Helga Schock«.

HAUSWART-HITPARADE

Eines Tages fragte mich Christoph Rohner, Leiter vom Radio Z, wie der Sender damals hiess, ob ich eine Idee für ein Sendeprogramm hätte.
Ich schlug ihm eine Art umgekehrte Hauswart-Hitparade vor. »Welches Haus oder welche Siedlung hat den grössten Trottel von einem Hauswart?« sollte die Sendung heissen. Zu meinem grossen Erstaunen kam der Vorschlag durch. Die Sache war ganz einfach: Die Radiohörer konnten beim Sender anrufen, von ihren Sorgen oder ihrem Ärger mit dem Hauswart berichten und ihn damit ins Rennen schicken. Mir war schon klar gewesen, dass die Leute sich nicht unbedingt den Geburtstag ihres Hauswarts merken, um ihn mit einem netten Geschenk zu überraschen. Aber dass so viele Leute im Grossraum Zürich das Bedürfnis hatten, sich über die schlechte Arbeitsmoral und die allgemeine Unzulänglichkeit ihres Hauswarts öffentlich auszulassen, hätte ich mir nie träumen lassen.
Pro Aufruf, für unsere Sendung Kandidaten zu nominieren, schlugen uns Radiohörer Donnerstag für Donnerstag etwa dreissig Hauswarte vor, die ihrer Ansicht nach den Titel »grösster Trottel« verdient hatten. Ursprünglich hatte ich eine Jury aus Mitgliedern des Hauseigentümerverbands zusammenstellen wollen. Der Verband winkte aber energisch ab und distanzierte sich explizit von der Sendung. Er drohte sogar mit einer Klage.
Die Mieterinnen und Mieter hingegen wählten sich die Finger wund, um eine freie Leitung zu ergattern und sich über ihren Hauswart zu beschweren. Sie nannten ihren eigenen Namen und ihre Wohnadresse. Aus rechtlichen Gründen erwähnte aber nie jemand den Namen des Hauswarts. Doch die Betroffenen wussten natürlich sofort, wer

gemeint war. Die Anrufe der Mieter wurden aufgenommen und dann zu einer Art »Best of«-Hauswartsärger zusammengeschnitten.

An einem typischen Donnerstagmorgen um sieben war dann auf dem Sender etwa Folgendes zu hören: »Heute auf Platz drei der Hauswart der Stampfenbachstrasse 12, ins Rennen schickt ihn Frau Beatrice Müller.« Originalton Frau Müller: »Es ist furchtbar, ja grauenhaft, jedes Mal, wenn ich in den Keller gehe, liegt da unser Hauswart. Schon am frühen Nachmittag, wenn ich meine Wäsche aufhängen will, liegt der besoffen auf einer alten Matratze im Keller. Das ist doch die Höhe!« Ich ordnete die Klage ein: »Ja, wirklich bedenklich, der Hauswart an der Stampenbachstrasse 12. Er schafft es aber in dieser Woche nur auf Platz drei. Wenn er in Zukunft schon morgens besoffen auf der Matratze liegt, schafft er es bestimmt bald auf Platz eins.« Die Sendung war ein voller Erfolg.

Acht Leitungen standen mir zur Verfügung, und dauernd leuchteten alle acht Lämpchen auf. Da äusserte sich zum Beispiel ein erzürnter Mieter über seine Hauswartin. In der betreffenden Siedlung hatte es zwei graue Abfall- und einen grünen Gartencontainer. Vor dem Grüncontainer lagen immer wieder mal Orangen- und Bananenschalen, die den Leuten beim Leeren ihres Kompostkübels unbemerkt heruntergefallen waren. Anstatt die Abfälle selbst aufzuheben und zu entsorgen, installierte die Hauswartin auf ihrem Balkon eine Überwachungskamera. Das Objektiv richtete sie direkt auf die drei Container und somit auf die Mieter. Soweit ich mich erinnere, endete die Sache vor dem Friedensrichter in Kloten.

Die Hälfte der Telefonleitungen war allerdings durch Anrufe von empörten Hauswarten besetzt, die mir höchstpersönlich und mit einem auffallend beschränkten, sich wiederholenden Wortschatz die Meinung geigen wollten: »Schlatter, du huere verdammte Schafseckel, du nimsch mich sofort us dere Schiss-Hitparade use!« Wenn ein Hauswart mehrere Wochen in den Charts blieb, lernte ich ihn oft am Telefon ein wenig besser kennen. Manche verfluchten mich derart und drohten mir so eindringlich, dass ich nachts sogar von ihnen träumte. In der zwölften Woche rief mich der Redaktor Gerry Reinhard morgens um sechs zu Hause auf meine Geheimnummer an. Ich kam gerade aus der Dusche. Gerry warnte mich: »Ich denke, es ist besser, wenn du heute durch den Hintereingang ins Radio kommst. Vor dem Studio steht seit einer Stunde ein Mann, der aussieht wie ein Hauswart. Wie ein hässiger Hauswart. Wahrscheinlich wartet er auf dich.«

Ich befolgte den Tipp und schlich mich unbemerkt und unbehelligt ins Studio. Vier Wochen später ging beim Sender eine anonyme Bombendrohung ein. Alle Mitarbeiter mussten die Räumlichkeiten verlassen und sich auf die Strasse begeben. Eine Spezialeinheit der Polizei rückte aus und durchsuchte das Studio und die angrenzenden Büros nach einem Sprengkörper. Zum Glück fanden sie nichts. Die Bombendrohung wurde aus Angst vor Nachahmungstätern nie öffentlich bekannt gemacht.

Schliesslich wurde mir die Sache aber zu viel, und die Sendung lief nach einem Dreivierteljahr aus. Seither habe ich auch ein paar sehr nette Hauswarte kennengelernt.

DER ZWÖLFTE MANN

Das Kabarett Götterspass war kein Politkabarett, aber wir hatten immer eine politische und sozialkritische Haltung. Die Protagonisten rekrutierten sich aus der Punk- und Künstlerszene, die eng mit der Zürcher Jugendbewegung verbunden war. Einen unserer ersten Auftritte hatten wir in der Roten Fabrik.
Dieser Ruf eilte uns voraus, als wir erstmals auf eine kleine Tournee gingen. Entsprechend aufgeregt waren wir vor unserem ersten Auftritt auf Basler Boden. Kabarett Götterspass spielt in Basel! Für uns war das ein Grossereignis der ganz besonderen Art. Zum einen glaubten wir, dies sei ein erstes Zeichen für den schweizweiten Durchbruch, zum anderen versprachen wir uns dadurch Folgeauftritte auf Basler Territorium. Unser Auftritt fand an einem Samstagabend im alternativen Sommerkasino in Liestal statt. Wir waren überzeugt, dass die Alternativszene nichts mit der bürgerlichen Städterivalität Zürich–Basel am Hut hatte. So jung und naiv waren wir damals. Wir glaubten tatsächlich, ein Auftritt in einem Lokal der Alternativszene in der Region Basel würde zu einem Heimspiel.
Zu unserem Ensemble gehörte damals ein Typ namens Franky. Er entsprach genau dem Klischee der »Zürischnurre«. Er hatte eine grosse Klappe und hielt sie nur ungern. Wir hatten ihm aufgetragen, einen Provinz-Conférencier zu spielen. Tatsächlich war er auf der Bühne aber einfach sich selbst. Franky musste vor und zwischen den Kabarettnummern das Publikum unterhalten, während wir uns für den nächsten Sketch umzogen.
Als wir während der ersten kurzen Eröffnungsnummer in die Zuschauerränge schielten, zählten wir gerade mal zwölf Nasen. Ausverkauft war anders.

Patrick Frey hatte damals eine spezielle Art entwickelt, sich zu schminken. Sogar zwischen den Nummern musste er diese Schminke jeweils erneuern, und das dauerte ewig. Es war Patricks ganz eigene Art, mit seiner Nervosität umzugehen. Jeder hat da seinen Tick. Da sass er also, zupfte und kämmte sich in aller Seelenruhe die Augenbrauen. »Bist du endlich fertig?«, fragte ich genervt.
Der Conférencier war auf der Bühne längst dabei, den Kasper zu machen. Doch keiner seiner sonst todsicheren Scherze kam an, und so drohten ihm die Ideen auszugehen. Schliesslich ging Franky dazu über, Erich Kästner vorzulesen.
Wir arbeiteten damals noch nicht mit Stichworten, die die Szenewechsel exakt definierten. Der Conférencier hatte vorne zu reden, bis wir die Bühne wieder betraten. Hinter der Bühne keifte ich mit Patrick, der mittlerweile, und ohne sich aus dem Konzept bringen zu lassen, sein Gesicht puderte. Franky schwitzte auf den Brettern, warf Erich Kästner in eine Ecke. Er begann Hans Rosenthal, einen beliebten deutschen Showmaster, zu imitieren. Vor allem in den 1970er-Jahren, als es noch etwas galt, wenn man den zweiten deutschen Sender empfangen konnte, war dessen Sendung *Dalli Dalli* ein Strassenfeger gewesen.
Für das Alternativpublikum galt das Fernsehen als staatlich verordnete Volksverdummung, was sich am Beispiel von Quizsendungen wie *Dalli Dalli* leicht nachweisen liess. Niemand hätte zugegeben, dass er die Sendung schaute. Auch wenn der eine oder die andere es heimlich vielleicht tat.
Hans »Hänschen« Rosenthals Markenzeichen war ein mit erhobenem Zeigefinger ausgeführter Halbschraubsprung, den er vollbrachte, wenn ein Kandidat das Punktemaximum erreichte. Hans Rosenthal ging leicht in die Knie und rief dann: »Wir sind der Meinung, das war ...?!«, und das Publikum sprang mit ihm auf und rief: »Spitze!«

Franky erklärte dem Publikum aus der Alternativszene also, dass es an diesem Abend genauso laufen würde. Die Show beginne, sobald es diesen Satz rufe.

Backstage liefen die Dinge langsam aus dem Ruder. Ich wurde verbal ausfällig, und während Patrick noch immer stoisch vor dem Schminkspiegel arbeitete, erwürgte ich ihn vor meinem geistigen Auge.

Wenn man auf der Bühne steht, ist das Publikum wegen des Scheinwerferlichts schwer zu erkennen. Franky sprang mit einem »Das war ...?!« auf die Bühne, zwei Zuschauer in der ersten Reihe riefen lauwarm «Spitze!» und erhoben sich dabei halbherzig und wenig motiviert. Franky war nicht zu bremsen. Als er zum siebten Mal mit übertriebenem Enthusiasmus auf die Bühne kam und angestrengt »Das war ...?!« rief, konnten wir aus sicherer Entfernung beobachten, wie einer der gelangweilten Zuschauer bereits in der *Woz* las, ein anderer sich einen Joint drehte. Franky aber liess nicht locker. Im Gegenteil: Sein Ehrgeiz war nun angestachelt. In der Hoffnung, dem unwürdigen Treiben ein Ende zu setzen und endlich das angekündigte Kabarettprogramm erleben zu können, stand mittlerweile die Hälfte des spärlich angereisten Publikums auf und rief schlaff Rosenthals Slogan zur Bühne hin.

Wir hätten dem Elend ein Ende bereiten und auf die Bühne stürzen sollen. Aber Patrick puderte noch immer.

»Wir fangen mit dem Programm erst an, wenn alle stehen und auf meine Frage ›Das war ...?!‹ laut ›Spitze!‹ rufen.« Weil nicht einmal der Zeitungsleser und der Kiffer schuld sein wollten, dass man den halben Abend mit diesem dummen Spiel verbringen musste, standen schliesslich alle artig auf. Bis auf einen. Der zwölfte Mann im Publikum blieb eisern sitzen.

Franky machte weiter, obwohl Patrick und ich inzwischen für unsere nächste Nummer bereit waren. Nun ging es um seine Ehre. Da sass noch einer! Franky wollte zeigen, dass er das Publikum im Griff hatte. Zum zehnten Mal schrie er mit heiserer Stimme: «Ich will ALLE stehen sehen! Auch du da hinten, los. Achtung: ›Das war ...?‹« – »Spitze!« Elf standen, der zwölfte Mann blieb sitzen. Die Stimmung war nun spürbar gekippt. Die Leute schüttelten den Kopf und begannen zu murren. Franky, der an den Bühnenrand und aus dem gleissenden Scheinwerferlicht getreten war, um sich den Verweigerer genauer anzuschauen, bemerkte entsetzt, dass dieser im Rollstuhl sass.

Das Kabarett Götterspass trat lange Zeit nicht mehr im Raum Basel auf.

DER SCHNAUZ
VON BUNDESRAT SCHMID

Im August 2005 wurde Engelberg von einem Unwetter heimgesucht. Der Ort stand unter Wasser, und die Lebensmittel mussten per Helikopter eingeflogen werden. Ein Jahr später wurde ein Fest als Dankeschön für alle Helferinnen und Helfer organisiert. Prominente, die dem Kurort eng verbunden waren, darunter auch ich, der ich einen Teil meiner Jugend in unserer Ferienwohnung in Engelberg verbracht hatte, wurden angefragt, einen Abend lang für die einheimischen Helfer Bratwürste zu grillieren. Ich sagte zu. Zu jener Zeit hatte ich stets ein Aufnahmegerät dabei. Ich bat bekannte Persönlichkeiten, denen ich begegnete, mir ihren Lieblingswitz zu erzählen. Daraus entstanden nach und nach drei CDs. Sogar Roger Federer hat mir einen Witz erzählt. Doch dazu später.
In Engelberg lernte ich auch den damaligen Bundesrat Samuel Schmid kennen. Wir sassen zusammen mit anderen Gästen an einem Festtisch und unterhielten uns prächtig. Samuel Schmid ist ein Mensch mit Humor. Jeden Witz, den ich erzählte, parierte er seinerseits mit einer Pointe. Ich mochte den Mann und bat ihn deshalb, mir einen Witz auf Tonband zu sprechen. Er lehnte ab, weil er fürchtete, man könnte es eines Bundesrats unwürdig erachten, öffentlich Witze zu erzählen. Ich hatte Verständnis dafür, und unsere Begegnung in Engelberg blieb mir in bester Erinnerung.
Drei Wochen später bekam ich einen Anruf von einer Journalistin aus Basel. Sie hatte einen Job bei der *Coop-Zeitung* ergattert und wollte mich für eine Weihnachts-Werbeaktion engagieren. Dabei war gerade erst September! Die Idee war Folgende: Bekannte Persönlichkeiten sollten 2000 Schweizer Franken erhalten, um im Coop für ihre Freunde Geschenke einzukaufen. Meine Freunde, denen ich davon erzählte,

waren natürlich begeistert und stellten mir sofort eine Wunschliste zusammen: Sie reichte vom Wäschetrockner bis zum neuen Duvet. Da sie schon fest mit den Geschenken rechneten, musste ich bei der Aktion mitmachen.

Zur Auswahl der Geschenke traf ich mich mit der Basler Journalistin im St. Annahof in Zürich. Gleich beim Eingang des Geschäfts entdeckte ich ein edles Rasier- und Bartpflegeset in einem weissen Kalbslederetui, dazu passend einen Rasierpinsel aus Dachshaar. Spontan kam mir der Schnauzträger Samuel Schmid in den Sinn. Der würde sich doch bestimmt über so ein schönes und zweckmässiges Set freuen, dachte ich. Wenn ich es ihm schenkte, würde er sich jeden Morgen beim Rasieren und Trimmen seiner Schnauzhaare an unsere heitere Begegnung in Engelberg erinnern und gut gelaunt in den Tag starten. Da gut gelaunte Magistraten für das Schicksal des Landes entscheidend sind, war es meine staatsbürgerliche Pflicht, ihm das Set zu schenken. Also wurde es von meinem Geschenkbudget erworben. Ich schärfte der Journalistin ein, dass Bundesrat Samuel Schmid das Geschenk unbedingt rechtzeitig erhalten müsse. Ich wollte auf keinen Fall, dass er von diesem Geschenk aus der *Coop-Zeitung* erfuhr (die sein Pressechef zweifelsohne am Erscheinungstag las), ohne es bereits in Händen zu halten. Spätestens zum Zeitpunkt der Drucklegung musste das Set auf dem Schreibtisch des Bundesrats liegen, forderte ich. Die Journalistin beruhigte mich und versprach, alles werde rund laufen.

Wir suchten dann noch die restlichen Geschenke aus. Weil das Rasier- und Bartpflegeset nicht billig gewesen war, lagen aus Budgetgründen weder Wäschetrockner noch Duvets drin. Mit dem Restbetrag erwarb ich für meine Freunde statt der gewünschten Sachen eine Bratpfanne, einen Tischstaubsauger, Netzstrümpfe und einen Luftbefeuchter. Einige Tage später rief die Journalistin zerknirscht an: »Beat, es gibt da ein kleines Problem«, sagte sie, »das grosse Paket von Coop ist angeliefert worden. Deine Geschenke sind eingetroffen, Bratpfanne, Netzstrümpfe, Luftbefeuchter, alles da, ausser das Bartpflegeset. Obwohl ich alle grossen Coop-Filialen sofort abgeklappert habe, ist dieses Bartpflegeset nirgendwo mehr auffindbar! Es muss das allerletzte gewesen sein.« Sie holte tief Luft: »Aber ich habe eine Lösung gefunden und für Samuel Schmid in einer Parfümerie ein Nagelpflegeset gekauft und es, wie gewünscht, in deinem Namen express ins Bundeshaus schicken lassen.« Der Telefonhörer fiel mir förmlich aus der Hand.

Die ganze Aktion war ein völliger Reinfall. Von den Freunden, die statt eines Wäschetrockners einen Luftbefeuchter und statt eines neuen Duvets ein paar Netzstrümpfe bekommen hatten, hörte ich lange Zeit nichts mehr. Dafür hörte ich bald etwas von Samuel Schmid.

Er schrieb mir in einem Brief: »Lieber Beat Schlatter, vielen Dank für das Nagelpflegeset. Ich frage mich die ganze Zeit, welchen Eindruck ich bei Ihnen hinterlassen habe.«

Als die *Coop-Zeitung* herauskam, klärte sich die Sache dann auf.

Im Sommer 2011 traf ich alt Bundesrat Samuel Schmid am Bergschwingfest auf der Schwägalp. Er schneide nun seinen Schnauz mit dem Nagelschärli, scherzte er.

Seither denke ich beim Rasieren oft an Samuel Schmid und starte gut gelaunt in den Tag.

MEINE MUTTER

Meine Mutter durfte leider nicht mehr erleben, dass ich vor ausverkauftem Haus auf der Bühne stehe. Damals, als ich ein junger Mann war, waren Mütter von gleichaltrigen Söhnen stolz auf deren Hochschulabschlüsse, dass sie im elterlichen Betrieb mitarbeiteten oder schöne, gescheite Freundinnen mit nach Hause brachten. Ich dagegen trieb mich im AJZ, in illegalen Bars und in Proberäumen der Roten Fabrik herum. Auf unserem Stubenbuffet standen Singles der Punkbands Sperma, TNT, Kraft durch Freude und Liliput, bei denen ich Schlagzeug gespielt hatte. Ich färbte mir die Haare blond, schwarz oder rüebliorange und trug wie Joe Strummer Hemden mit abgetrennten Ärmeln.

Meine ersten Gehversuche als Komiker machte ich mit dem 1983 gegründeten Kabarett Götterspass. Wir hatten zu Beginn circa 25 Auftritte pro Jahr, bei einer Abendgage von 300 bis 600 Franken. Für alle sieben Ensemblemitglieder zusammen. Allfällige Reisekosten inbegriffen.

Es ist eine Ironie des Schicksals, dass die Zeit, in der ich Komiker wurde, die traurigste in meinem Leben war. Meine Mutter war schwer erkrankt, und ich pflegte sie, bis sie starb.

Irma, wie meine Mutter hiess, führte ein ruhiges und schönes Leben, bis in ihrem 53. Lebensjahr Gelenkbeschwerden auftraten und sie den rechten Arm nicht mehr ohne Schmerzen heben konnte.

Lange blieb die Ursache dieser Beschwerden ein Rätsel. Erst drei Jahre später stellte ein Arzt die Diagnose Sklerodermie, eine sehr seltene, unheilbare Krankheit, bei der eine Bindegewebeverhärtung der Haut und der inneren Organe die Folge ist. Der Künstler Paul Klee war wohl der berühmteste Sklerodermie-Patient.

Die Ärzte gaben ihr drei bis zehn Jahre zu leben. Als ich diese Prognose später in einem Interview erwähnte, kritisierte mich die Selbsthilfevereinigung für Sklerodermie-Patienten, der auch meine Mutter angehörte, arg. Es nehme den Patienten die Hoffnung, wurde behauptet. Der Zustand meiner Mutter verschlechterte sich sehr langsam, so hatte sie etwas Zeit, sich an die Krankheit zu gewöhnen. Dasselbe galt auch für uns, ihre Familie.

Mit der Zeit wurden die Beeinträchtigungen immer schlimmer. Sie konnte sich nicht mehr selbst die Unterwäsche anziehen, sich nicht mehr am Rücken kratzen. Mit diesen äusserlichen Veränderungen konnte ich noch recht gut umgehen. Schlimm wurde es, als die inneren Organe wie Lunge und Darm in Mitleidenschaft gezogen wurden. Für meinen Bruder, meinen Vater und mich war von Anfang an klar, dass wir Irma zu Hause pflegen wollten. Eine Fremdbetreuung kam nicht in Frage.

Mein Bruder stand damals in der Ausbildung zum Notar und konnte nicht so viel mithelfen. Wer sich für die häusliche Betreuung einer Sterbenskranken entscheidet, kann nebenbei nicht mehr normal arbeiten. Da ich abends auf der Bühne stand, hatte ich tagsüber Zeit, sie zu betreuen; mein Vater übernahm den Abend und die Nacht. Oft mussten wir sie drei- bis viermal pro Woche zu Untersuchungen ins Krankenhaus bringen. Alles dauerte immer sehr lange. Zwischen einem Termin um 9 Uhr und dem nächsten um 13 Uhr verbrachte ich Stunden in der Spitalcafeteria und wartete. Ich pflegte meine Mutter drei Jahre lang. Ich bereitete ihr das Frühstück zu, wusch sie, brachte sie zur Toilette, kochte für sie und machte den Haushalt. Am Abend stand ich mit dem Kabarett Götterspass auf der Bühne und brachte die Leute zum Lachen. Jeden Abend fragte mich meine Mutter beim Abschied, in welche Gemeinde ich diesmal ging. »Ich gehe nur schnell nach Luzern, bin gleich zurück«, sagte ich und gab ihr einen Kuss.

Wir wollten dabei sein, als sie starb. Leider starb sie nicht zu Hause. Im Jahr 1988 kurz nach Weihnachten musste sie ins Krankenhaus eingeliefert werden, weil sie tagelang nichts mehr hatte essen können. Mein Vater hatte ein Bett in ihrem Zimmer und übernachtete bei ihr. Und ich verbrachte von da an jeden Tag im Krankenhaus.
Ich hielt meine Mutter im Arm, als sie starb. Mein Vater kam einige Minuten später dazu. Er hatte eine halbe Stunde gebraucht, um von der Arbeit ins Krankenhaus zu fahren. Wir weinten und umarmten uns. Ich hatte meine Mutter sehr geliebt. In diesen drei Jahren hatte ich aber auch gelernt, über tragische Aspekte des Lebens zu lachen.
Noch am selben Abend hatten wir einen Auftritt in Disentis. Peter Staub, der Manager des Kabarett Götterspass, bot mir an, die Vorstellung abzusagen. Natürlich war ich todtraurig, dennoch brauchte ich Ablenkung. Der Auftritt fand statt. Ich stand mit Patrick Frey auf der Bühne und brachte die Leute zum Lachen.
Es war meine Art, den Tag zu überstehen. Meine Mutter war tot, aber mein Leben musste trotzdem weitergehen. Auf der Bühne zu stehen und lustig zu sein, war mein Leben. An diesem Abend in Disentis wurde mir bewusst, dass der Künstler, wenn er die Bühne betritt, verpflichtet ist, das Publikum zu unterhalten, egal, wie es ihm geht oder was ihm widerfahren ist. Ich brauchte letztlich fast drei Monate, bis ich richtig fassen konnte, dass meine Mutter tot war.

Beat Schlatter, Porträt von Andreas Dobler, 1990.

Beat Schlatter, LiLiPUT, 1981.

Beat Schlatter und Klaudia Schifferle, 1980.

Beat Schlatter, 1980.

Beat Schlatter, LiLiPUT, 1981.

Beat Schlatter, 1981.

LiLiPUT, 1981.

Kabarett Götterspass, »Romeo und Julia« aus *Hiersein oder Nichtsein*, 1986.

Kabarett Götterspass, »Das Experimentaltheater« aus *Ein Abend ohne Ernst*, 1989.

Der vom Himmel gesandte Detektiv in *Der Hundeschwindel von Moskau*, 1983.

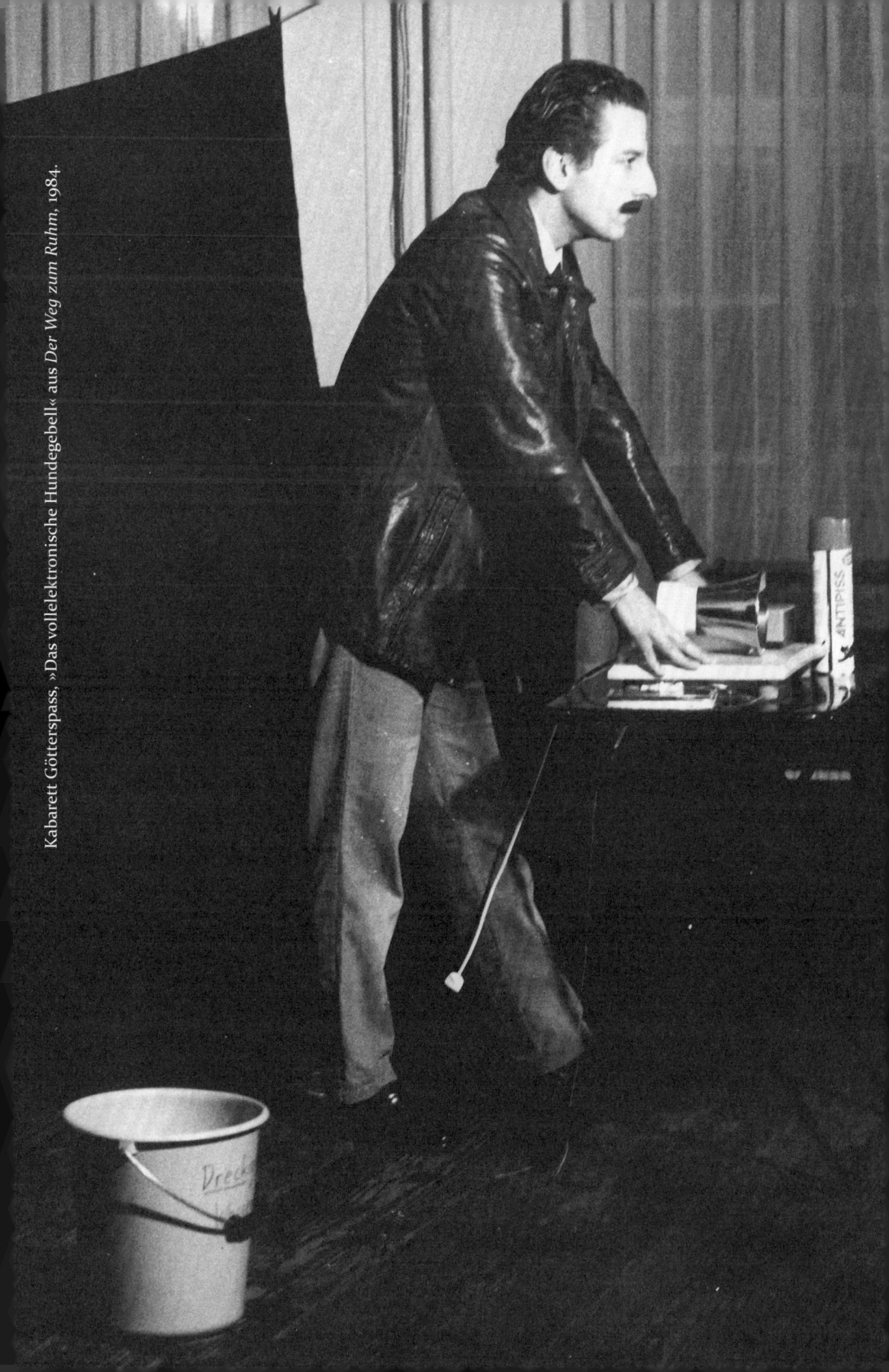

Kabarett Götterspass, »Das vollelektronische Hundegebell« aus *Der Weg zum Ruhm*, 1984.

Beat Schlatter, bauernschlauer Konsument beim Konsumentenmagazin *Kassensturz*, 1994.

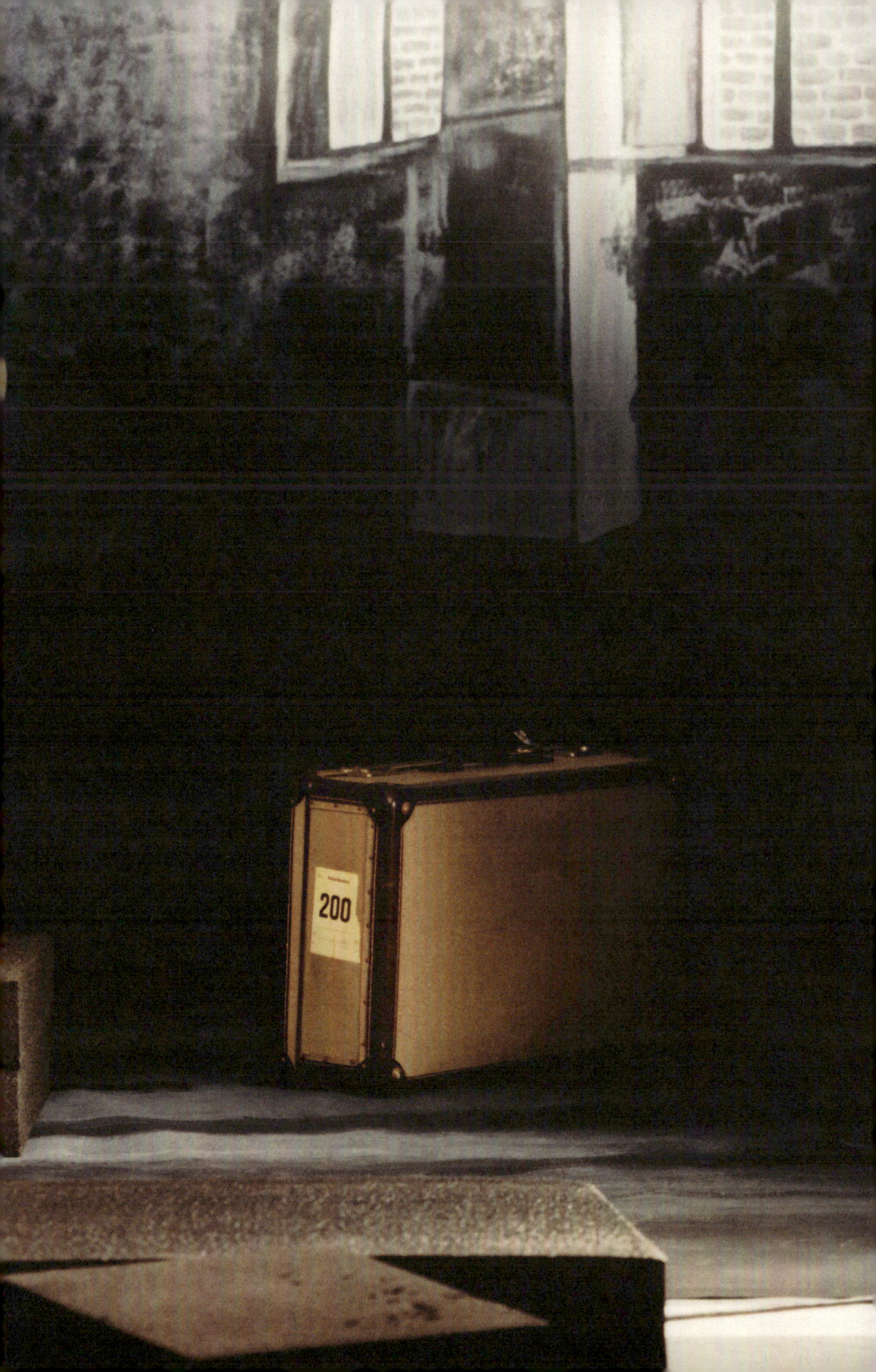
200

Kabarett Götterspass, »Der Firmensanierer« aus *Der Betriebsanlass*, 1993.

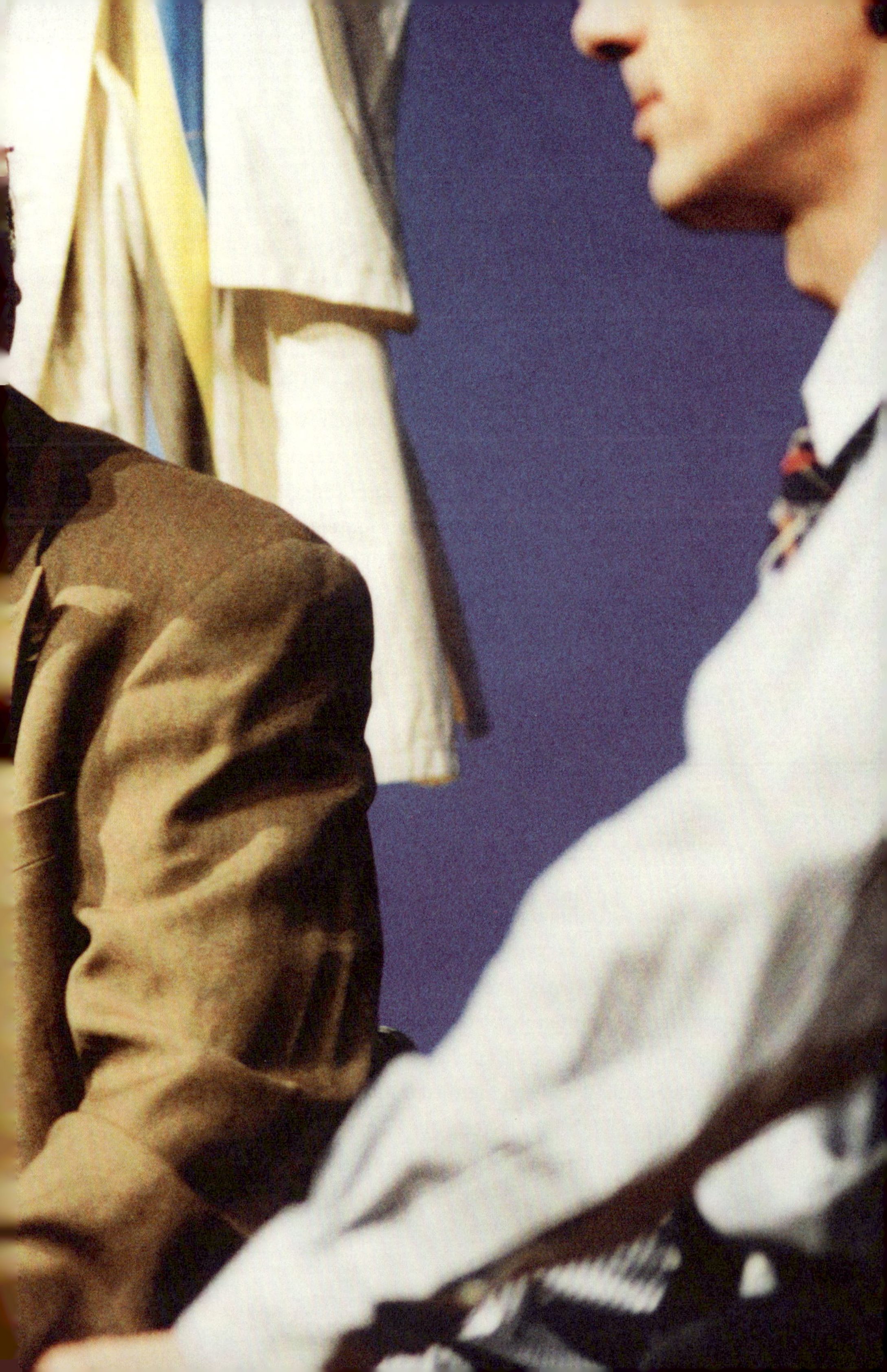

CHRIESI

»Ihr Jungen wisst gar nicht, wie schön ihr es habt, zu meiner Zeit wäre so etwas nicht möglich gewesen.« Solche Dinge bekamen wir früher oft zu hören, und insgeheim freute ich mich natürlich auf den Tag, an dem ich selber mit diesem Spruch jungen Leuten auf die Nerven gehen konnte. Aber der Tag kam nicht. Ich glaube nämlich, dass wir es besser hatten. Wenn wir etwas anstellten, so lief das unter Bubenstreichen, die, wenn man erwischt wurde, zwar unangenehme, aber überschaubare Konsequenzen hatten. Man erwartete von Buben nichts anderes. Heute gelten Kinder, die solche Sachen anstellen, als verhaltensauffällig oder sozial inkompetent. Man ruft die Polizei, den Schulpsychologen, den Apotheker oder, in einem Fall wie mir, wahrscheinlich den Naturschutz.
Von der ersten bis dritten Sekundarschule war Adrian Voigt mein bester Freund. Adi und ich, wir waren wie Pech und Schwefel. Wir gehörten nicht zu den Musterknaben, unser Taschengeld ging für Zigaretten drauf, die wir heimlich hinter der Turnhalle und zwischen der frisch aufgehängten Wäsche in der Waschküche unseres Mietshauses rauchten. Also waren wir ständig knapp bei Kasse. Wir wohnten beide in Rüschlikon. An der Grenze zu Kilchberg gab es eine Gärtnerei mit drei im Frühling herrlich blühenden Weichselchriesibäumen. Im Sommer hingen die saftigen Weichselchriesi schwer von den Ästen, und wir bedienten uns davon, so oft wir konnten. Weil uns die Chriesi so vorzüglich mundeten, waren Adi und ich überzeugt, dass sich mit diesen ein gutes Geschäft machen liesse.
Einfach auf die Bäume zu klettern und die Früchte zu ernten, war natürlich keine Option. Das hätte der Gärtner bemerkt. Also fassten wir einen anderen Plan. Am Mittwochabend nach der Gitarrenstunde, als

es schon eindunkelte, näherten wir uns den Bäumen mit einer Handsäge und sägten kurzerhand ganze Äste ab. Innert Kürze hatten wir so viel, wie wir tragen konnten, und machten uns unbemerkt davon. Damit uns die Eltern nicht erwischten, ernteten wir die Früchte im Keller ab und legten sie in Holzkistli, die wir im Schopf der Gärtnerei gefunden hatten. Tags darauf verkauften wir die Chriesi den Hausfrauen im Dorf. Die Hausfrauen freuten sich ausserordentlich über unser Angebot, weil sich unsere Preisgestaltung mehr an der Sackgeldhöhe als am Marktpreis orientierte. Zudem freute es sie, dass wir verrufenen Schlingel für einmal etwas Sinnvolles taten.

»Ihr helft dem Gärtner?«, fragten sie und nahmen gleich zwei Körbchen.

»Ja, wissen Sie, er kann leider nicht selber kommen, er hat eine Wurmvergiftung«, improvisierte ich. Die Hausfrauen konnten sich darunter genauso wenig vorstellen wie wir. Aber kaum hatten wir von dem Leiden des Gärtners erzählt, nahmen sie noch mal zwei Körbchen. Das Geschäft lief glänzend, und innert Kürze waren wir alle Chriesi los. Wir freuten uns schon, eine alljährliche saisonale Einnahmequelle entdeckt zu haben. Aber als wir die Bäume im nächsten Frühling besichtigten, hatten sie kaum Blüten und trugen später nur spärlich Früchte. Sie brauchten Jahre, um sich von unserer brachialen Erntemethode zu erholen.

EIN FRISIERTER TRAUM

Mit 14 Jahren war mein grosser Traum, ein eigenes Töffli zu besitzen. Es gab Jungs, die wünschten sich eins und bekamen es von den Eltern geschenkt. Ich nicht. Meine Eltern dachten nicht im Traum daran, mir ein Töffli zu kaufen. »Aber wir verbieten dir nicht, selber eins zu kaufen. Du kannst im Sommer einen Ferienjob annehmen und dir das nötige Geld verdienen.«
Zu jener Zeit standen mir zwei berufliche Karrieren offen: Schulhaus putzen oder bei der Brauerei Hürlimann am Band die Flaschenetiketten kontrollieren. Mit dem Schulhausabwart hatte ich aber bereits »Lämpen«, weil ich zu jener Gruppe gehörte, die hinter der Turnhalle rauchte und eine Sauerei hinterliess.
Ich würde wohl oder übel in der Brauerei arbeiten müssen. Doch kurz vor den Ferien war Sperrgutabfuhr. Mein Freund Adi und ich zogen los. Wir waren noch nicht lange unterwegs, als wir auf einem der Sperrmüllhaufen einen Puch Maxi entdeckten. Nun, nicht direkt auf dem Sperrmüllhaufen. Neben dem Sperrmüllhaufen. Ganz nah neben dem Sperrmüllhaufen. Also etwa fünf Meter vom Sperrmüllhaufen entfernt. Er war nicht abgeschlossen. Wir redeten uns gegenseitig ein, dass wir doch in der Sperrmüllverordnung gelesen hatten, dass alles, was sich im Umkreis von fünf Metern eines Haufens befindet, offiziell als Abfall zählt. Natürlich gab es weder eine Verordnung noch einen solchen Paragrafen. Doch wir hielten daran fest und nahmen das Töffli mit.
Weil ich nun ein Töffli hatte, sagte ich den Job in der Brauerei kurzerhand ab. Wer will schon in der Fabrik Flaschen zählen, wenn er draussen mit dem Töffli herumfräsen kann?
Doch die Freude darüber, zumindest Co-Besitzer eines wahrhaften Töfflis zu sein, hielt nicht allzu lange an. Das Teil war einfach viel zu

langsam. Wir mussten es frisieren. Ein unfrisiertes Töffli war damals nicht viel mehr wert als gar kein Töffli. Es kursierten Gerüchte, dass die Polizei im Nachbardorf einen frisierten Töff beschlagnahmt habe, der mit 85 Stundenkilometer auf der Autobahn gefahren sei. Dieser Töff stehe nun im Polizeimuseum. Später fand ich heraus, dass diese Legende in jedem Dorf landauf landab kursierte. Und immer war es einer aus dem Nachbardorf. Dieser unbekannte Töffliheld beflügelte unsere Fantasie und stand unserer Mission Pate. Leider hatten wir keine Ahnung, wie man ein Töffli frisiert. Ein Mitschüler, mit dem wir hinter der Turnhalle rauchten, wusste Rat und zeichnete uns auf einem Blatt Papier den Motor und den entsprechenden Kolben auf. Er erklärte uns, wie man aus dem Kolben ein Fensterchen heraussägt und oben eine Pyramide hineinschleift. Hörte sich ganz einfach an.

Wir befolgten die Anweisungen ganz genau. Oder so genau, wie wir uns an sie erinnerten. Stolz schraubten wir den Motor wieder zusammen, wischten uns das Öl von den Händen und wollten unsere Rakete starten. Doch das Töffli machte keinen Wank mehr. Wir hantierten an Benzinhahn, Zündkerze, Anlasser und Gaskabel, schraubten, putzten, fluchten. Es half alles nichts. Der Motor liess sich nicht starten. Wir hatten offenbar einen Fehler gemacht. Wir wollten das Ganze noch einmal mit einem neuen Kolben versuchen und erkundigten uns beim Töff- und Velomech im Dorf, was das kostete. Viel zu viel, Geld hatten wir keins, da wir ja den Sommer über nicht arbeiteten. Der Motor war am Arsch. Was nun? Wir beschlossen, das Töffli nachts einfach wieder dort hinzustellen, wo wir es gefunden hatten.

Ende Ferien erzählte uns ein Mitschüler die Geschichte vom Gärtnertöffli, die mittlerweile im ganzen Dorf Verbreitung gefunden hatte. Ein kurz vor der Pension stehender Gärtner hatte vor ein paar Wochen mit seinem Töffli einen Kunden besucht. Als er heim wollte, war es verschwunden. Gestohlen. Der Gärtner war am Boden zerstört. Als er eine Woche später erneut beim gleichen Kunden vorbeischaute, diesmal mit dem Velo, stand das Töffli dort, wo er es beim letzten Mal abgestellt hatte. Doch als er es starten wollte, tat es keinen Wank. Der Mann verstand die Welt nicht mehr. Der Tank war noch halbvoll, und auch sonst sah es eigentlich aus wie immer. Also stiess er es zum Mechaniker, damit der es untersuchte. Es dauerte nicht lange, bis der Mechaniker den Schaden fand. »Also, wenn Sie in Ihrem Alter schon Ihr Töffli frisieren wollen, dann sollten Sie das Kolbenfenster wenigstens an der richtigen Stelle machen«, rügte ihn der Mech. Der alte Gärtner, der in seinem Leben noch nie ein Töffli frisiert hatte, fiel aus allen Wolken. Seither schloss er sein Töffli immer gut ab.

AM CHEMINÉEFEUER

Rüschlikon, wo ich meine Jugend verbrachte, ist eine Gemeinde am Zürichsee. Auch wenn die sogenannte Goldküste am anderen Seeufer liegt, ist es doch ein eher reiches Dorf. An Sperrmülltagen wird vieles auf die Strasse gestellt, das noch längst nicht ausgedient hat. Deshalb zählten die Sperrmülltage für mich und meinen Schulfreund Adi zu den wichtigsten Daten im Bubenkalender. Fast wie Weihnachten, und noch wichtiger als Ostern oder Pfingsten. Wir beide hatten uns auf einem Brachland hinter der Schokoladenfabrik Linth & Sprüngli eine zweistöckige Hütte gebaut. Die Erlaubnis dazu hatten wir uns selbst erteilt. Als der grosse Sperrmülltag endlich gekommen war, zogen wir mit dem Veloanhänger, den uns der Hauswart ohne sein Wissen ausgeliehen hatte, durchs Dorf und luden die besten Möbelstücke und Gerätschaften auf. So kam es, dass unsere Hütte bald mit edlen Ledersofas, Perserteppichen und komfortablen Matratzen ausgestattet war. Aber damit nicht genug. Abends schauten wir auf Baustellen vorbei und nahmen von dort Bretter mit. Wir sagten uns, dass die wohl nicht mehr gebraucht wurden. Unsere Hütte war richtig gemütlich. Das sprach sich schnell herum. Wir brachten regelmässig Mädchen hin, um mit ihnen rumzuschmusen. Adi im oberen Stock, ich im unteren.
Eines Tages hatten wir die Idee, im Erdgeschoss mit Ziegelsteinen und Mörtel ein Cheminée einzubauen. Die ganz tollen Hechte im Fernsehen hatten immer ein Cheminée. Bei Cheminéefeuer taute auch das kühlste Mädchen auf. Im Film zumindest.
Zur Beschaffung der Baumaterialien besuchten wir wiederum nachts die Baustellen. Die gesamte Einrichtung unserer Hütte bestand aus Dingen, die uns grosszügige Rüschliker überlassen hatten. Das ein-

zige Teil, das wir hochoffiziell im Coop erworben hatten, war ein stabiles Vorhängeschloss. Es trieb sich ja auch Gesindel herum, und wir wollten unser Eigentum schützen.

Bald hatten wir unser Cheminée fertig gebaut. Erst zog es überhaupt nicht und das Feuer erlosch ständig. Als wir die Sauerstoffzufuhr endlich geregelt hatten, flackerte es zwar prächtig im neuen Ofen, dafür war die Hütte bald voller Rauch. Doch auch dieses Problem konnten wir mit einigem Tüfteln beheben, und so hatten wir den Cheminéeofen nach etwa drei Wochen im Griff. Das Einzige, was noch fehlte, war die Isolierung. Das Feuer sollte ja nicht nur romantisch aussehen, sondern auch schön warm geben. Beim Gärtner entdeckten wir einen Stapel Schaumgummimatten, die alsbald den Weg in unsere Hütte fanden. Wir dichteten alles ab, teils sogar mehrlagig. Nun konnte nichts mehr schiefgehen. Dachten wir. Kein Mädchen würde einem Rendezvous an diesem Kaminfeuer widerstehen können. Wir freuten uns bereits auf die bevorstehenden Schmusestunden.

Doch es gab ein Problem. Das Feuer erhitzte die Ziegelsteine dermassen, dass sie beinahe glühten, sodass man sich dem Cheminée fast nicht mehr nähern konnte. Als dann noch ein unschuldiger kleiner Funke auf das leicht entflammbare Isolationsmaterial übersprang, nahm das Unheil seinen Lauf. Die Hütte ging in Flammen auf und brannte lichterloh. Es gelang einem entsetzen Nachbarn gerade noch, sein in der Nähe geparktes Auto in Sicherheit zu bringen. Eine Stunde später waren nur noch rauchende Trümmer übrig. Während wir untröstlich waren, triumphierten die Anwohner, die unserem Treiben mit wachsendem Misstrauen zugeschaut hatten und froh waren, dass dieser Schandfleck im Quartier endlich verschwunden war.

WIE ICH MIT 15
EINE WELTMARKE SCHUF

Mein Vater arbeitete bei der Brauerei Hürlimann. Dank ihm konnte ich in den Ferien dort arbeiten. Nach dem Flop mit dem Töffli nahm ich im folgenden Jahr den Job an. Die Arbeit war nicht schwer, aber furchtbar eintönig und stumpfsinnig. Ich musste am Fliessband sitzen, während eine unendliche Reihe leerer Bierflaschen an mir vorbeizog. Es müssen Hunderttausende gewesen sein. Der Strom riss nie ab, obwohl ich stets hoffte, dass irgendwann die letzte leergetrunkene Hürlimann-Flasche an mir vorbeigezogen war. So viel Bier konnte man doch gar nicht trinken. Aber die Reihe war nie zu Ende, es war ein schöner, warmer Sommer, niemand dachte daran, mir zuliebe das Biertrinken sein zu lassen. Meine Aufgabe bestand darin, zu kontrollieren, ob die Etiketten beim Abwaschen der Flaschen sauber abgelöst worden waren. Wenn ich irgendwo noch einen Etikettenfetzen entdeckte, drückte ich den Stopp-Knopf, um das Fliessband kurz abzustellen, und knubbelte die Etikettenresten von Hand ab. Diese Tätigkeit, gepaart mit dem nicht gerade üppigen Lohn, liess mich nicht gerade sehnsüchtig auf meine Zukunft in der Arbeitswelt blicken.

Martin Hürlimann war der Patron der Brauerei. Jeden Tag ging er mit seinem zerknitterten Regenmantel und seinem Hund durch die Brauerei und begrüsste seine Mitarbeiter freundlich. Er war ein beeindruckender, grosszügiger Mensch, der auch gerne mal ein Bier über den Durst trank. Ausserdem hatte er einen Hang zum Mystischen und Übersinnlichen. Kurz bevor ich in der Brauerei zu arbeiten begonnen hatte, hatte ein komischer Kauz, ein dahergelaufener Spinner, wie man damals sagte, behauptet, unter dem Areal der Brauerei befinde sich eine Wasserquelle. Das habe er mit seiner Wünschelrute herausgefunden. Die Geschäftsleitung der Brauerei Hürlimann dachte nicht daran, sich von einer ausschlagenden Wünschelrute ins Geschäft pfuschen zu lassen. Martin Hürlimann jedoch glaubte daran und finanzierte die Bohrung. Er war der Chef, man konnte es ihm schlecht verbieten. Doch hinter seinem Rücken äusserte man sich wenig schmeichelhaft über seinen Glauben an so einen Hokuspokus. Die Kritiker schienen denn auch recht zu behalten. Die Bohrungsarbeiten dauerten sehr lange. Sie mussten immer wieder unterbrochen und neu angesetzt werden, weil die Quelle tiefer lag, als ursprünglich vermutet. Die Sache ging langsam ins Geld. Einmal brach die Spitze des Bohrers ab, ein anderes Mal mussten Spezialisten aus dem Ausland anreisen, weil die Bohrung stockte. Doch trotz allen Spotts und aller Kritik, Martin Hürlimann liess sich von seinem Vorhaben nicht abbringen.

An einem der Sommertage, als ich am Fliessband arbeitete, tauchte er zur Mittagszeit in der Kantine auf und verkündete euphorisch, dass man in 450 Meter Tiefe endlich auf die gesuchte Wasserquelle gestossen sei.

Eigentlich hatte er mit dem Wasser fortan sein Bier brauen wollen. Doch die Chemiker stellten bei einer genauen Analyse fest, dass das Wasser stark mineralhaltig und deshalb für das Bierbrauen ungeeignet war. Martin Hürlimann liess sich davon nicht entmutigen. »Wenn die Quelle reich an Mineralstoffen ist, dann verkaufen wir eben bald auch Mineralwasser.«

Was nun noch fehlte, war ein pfiffiger Name für das neue Wasser. Martin Hürlimann hatte offenbar noch nie etwas von Branding, Corporate Identity oder Marketing gehört. Vielleicht gab es das damals auch noch nicht. Denn anstatt ein Heer von Menschen mit komplizierten Berufsbezeichnungen auf die Namensfindung anzusetzen, benutzte er eine einfachere Methode. Er platzierte vor der Kantine einen Briefkasten und forderte die Belegschaft auf, Namensvorschläge einzureichen. »Wer den besten Namen für unser Wasser findet, bekommt zehn Goldvreneli«, versprach er vor versammelter Mannschaft. Ein Raunen ging durch die Reihen. Zehn Goldvreneli, das war schon etwas. Mein Tischnachbar Charlie Johler, auch er eine Ferienaushilfe, und ich fingen sofort an, unsere Ideen auf die Rückseite der Papiersets zu schreiben, die auf dem Tisch lagen. Wir nahmen die Sache zwar ernst, konnten aber nicht aus unserer Haut und waren deshalb stark unserem Pubertätswortschatz verpflichtet. Wir schrieben wenig aussichtsreiche Namen wie Sexli und Busli auf, neben einer ganzen Reihe anderer mehr oder weniger ernst gemeinter Vorschläge.

Der Sommer neigte sich dem Ende zu, ich erhielt meinen Lohn und konnte mir endlich den heissbegehrten Puch Maxi leisten. Fast ein Jahr später kam mein Vater zu mir. »Du hast doch deinen Konfirmationsanzug noch?«, fragte er. »Ja, natürlich habe ich den noch«, antwortete ich. Freiwillig zog ich das Ding allerdings nie an. Am nächsten Tag sollte ich mich schick machen und mit ihm in die Brauerei fahren. Er wollte mir partout nicht sagen, warum.

Als wir ankamen, brachte er mich direkt ins Büro des Chefs. Martin Hürlimann empfing uns freundlich. »Ah, dein Sohn kommt seine Goldvreneli abholen«, sagte er und gratulierte mir. Einer meiner Vorschläge hatte gewonnen: Aqui. Da ich alle Vorschläge gemeinsam mit Charlie Johler eingereicht hatte, teilte ich auch den Gewinn mit ihm. Leider wurde die Marke Aqui bald nach dem Verkauf der Brauerei Hürlimann an die Feldschlösschen-Gruppe aufgelöst. Der Aqui-Brunnen aber, an dem man kostenlos Mineralwasser beziehen kann, wurde mittlerweile neu gestaltet und erfreut sich immer noch grosser Beliebtheit. Er war sogar einmal Gegenstand eines Aprilscherzes im »Tages-Anzeiger«: In einem Artikel wurde behauptet, es werde einen Tag lang gratis Bier statt Wasser aus dem Brunnen fliessen. Als der

Brunnen jüngst eine Zeit lang abgestellt blieb, führte das zu heftigen Kontroversen. Die Zürcher betrachten Aqui als ihr Eigentum.

Die legendäre Quelle speist seit einigen Jahren das Thermalbad, das in die Steingewölbe der ehemaligen Brauerei Hürlimann gebaut wurde. Trotz dieser Episode bin ich bis heute nicht unbedingt als Mineralwassertrinker bekannt.

AUF DEM SEE

Bevor Adi und ich unsere Hütte hatten, waren wir stets auf der Suche nach geeigneten Orten, an denen wir uns mit Mädchen treffen konnten. So wollten wir an einem Mittwochnachmittag mit Bettina und Susanne auf den See. Ja, richtig, nicht an, sondern auf den See. Dazu braucht man ein Boot. Weil wir keins hatten, liehen wir uns eins. Auch eine Flasche Wein hatten wir organisiert, und das kleine Boot nahmen wir nicht bei der Rüschliker Bootsanlegestelle in Beschlag, sondern in der Nachbarsgemeinde Kilchberg. Das schien uns ein enorm raffinierter Plan, der niemals auffliegen konnte. Den Mädchen erzählten wir, dass wir das Boot von einem Kollegen ausgeliehen hatten. Die beiden Mädchen stiegen ahnungslos an Bord.

Der romantischen Bootsfahrt stand nun nichts mehr im Weg. Wir fuhren frohen Mutes und voller Hoffnung auf den See hinaus. Als wir gerade zum gemütlichen Teil übergehen wollten, ich war dabei, die Weinflasche zu entkorken, erklang eine verzerrte, aber deutlich vernehmbare Stimme: »Da vorne sind sie«, dröhnte es aus einem Megafon und dann nachdrücklicher die Aufforderung: »Stellen Sie bitte den Motor ab!« Es war die Seepolizei, die uns in einem Motorboot gefolgt war.

Wir gehorchten und mussten auf das Polizeiboot umsteigen. Mit »unserem« Boot im Schlepptau brachte man uns auf den Posten der Seepolizei Oberrieden.

Wir versuchten uns zu Beginn noch herauszureden. »Das muss eine Verwechslung sein, unser Kollege hat uns ausdrücklich erlaubt, sein Boot zu benutzen«, behauptete ich. Die Story hatte leider ein massives Leck. Wir konnten uns nämlich nicht erinnern, wie dieser Kollege hiess.

In einem letzten Verzweiflungsakt nannte ich den Namen von Mark Stahel, der in Kilchberg die Segelschule besuchte. Pech nur, dass Mark Stahel kein Boot besass und uns drum auch schlecht erlaubt haben konnte, dieses zu benutzen.

Schliesslich kamen uns Adis Eltern abholen, und sofort wurde wieder ein Beat- respektive Adi-Verbot verhängt.

Doch wie so oft weigerte ich mich, aus Schaden klug zu werden. Mein nächstes Abenteuer auf dem See sollte ohne Adi stattfinden. Eines Abends führte ich Marisa aus, eine hübsche Seconda italienischer Abstammung. Ich hatte schon lange ein Bötli im Visier, diesmal ein kleineres und wendigeres, mit dem ich der Polizei entwischen könnte. Dachte ich. Es gehörte zu einem Privathaus, das an diesem Abend verwaist war. Das Boot war nicht gesichert. Wir fuhren hinaus. Bald wurde es sehr gemütlich, und ich freute mich schon aufs romantische Schmusen. Doch Marisa stand unvermittelt auf, um etwas in ihrer Handtasche zu suchen. Das Bötli kam in Schieflage, ich versuchte, es zu stabilisieren, doch vergeblich. Wir kenterten und fielen ins Wasser. Verzweifelt versuchten wir, das Boot wieder zu drehen. Es war hoffnungslos. Schliesslich sank es vor unseren Augen.

Wir mussten in den nassen Kleidern an Land zurückschwimmen. Wir waren ein ganzes Stück hinausgefahren, und so erreichten wir völlig ausgelaugt, ohne Schuhe und ohne Handtasche, das rettende Ufer.

Offenbar hatte uns niemand beobachtet, denn wir wurden nie für das versenkte Boot zur Rechenschaft gezogen. Wir vereinbarten absolutes Stillschweigen über den Vorfall und hielten dies auch. Bis heute.

MARSEILLE

Auch nachdem wir unseren Bandnamen geändert hatten, blieb die Berner Mundart-Rockband Rumpelstilz unser grosses Vorbild. Noch immer mühten wir uns damit ab, Texte zu schreiben. Wie machte Polo Hofer das bloss? Wir gelangten schliesslich zu der Überzeugung, dass Polo gewiss nur über Dinge sang, die er selbst erlebt hatte. So ein Rockmusiker führte ein abenteuerliches Leben, voll heftiger Emotionen, wilder Gestalten und tiefschürfender Erkenntnisse. Wenn wir also jemals einen guten Text zustande bringen wollten, mussten wir dringend etwas erleben. Unser bisheriger Erfahrungsschatz bot einfach keinen Stoff für Rocksongs mit Tiefgang. In einer biederen Vorortsgemeinde liessen sich keine echten Abenteuer erleben. Dafür, so waren wir überzeugt, musste man in die grosse Welt hinaus.

Wir erwogen verschiedene mögliche Reiseziele. Schliesslich einigten wir uns auf Marseille. Das war mit dem Zug gut und günstig erreichbar und galt als verruchte Hafenstadt. Dort wollten wir in düsteren Seemannskneipen Geschichten hören und Erfahrungen sammeln, die Stoff für ein ganzes Album liefern sollten. Wenn nicht gar für ein Doppelalbum. Unser billiges Schülerticket berechtigte uns nur, in Bummelzügen zu reisen, sodass wir sehr spät in der Hafenstadt ankamen. Nun hiess es, keine Zeit zu verlieren. Wir wollten uns sogleich in die düstere, melancholische Welt der Matrosen, Gauner und Künstler stürzen. Das Glück war uns hold: In der Nähe des Bahnhofs entdeckten wir ein Lokal, das ganz unserer Vorstellung einer hässlichen und trostlosen Hafenkneipe entsprach. Der Wirt hatte schon begonnen, die Theke abzuwischen und die Stühle auf die Tische zu stellen, seine Frau war dabei, die Tageseinnahmen abzurechnen. Kurzum, sie wollten Feierabend machen. Umso besser, dachten wir, und orderten in unserem holprigen Schulfranzösisch eine Flasche Rotwein mit fünf Gläsern. Wir waren nur zu viert, das fünfte Glas war für den Wirt gedacht. Wir waren überzeugt, dass dieser am Feierabend nichts lieber tat, als uns Anekdoten aus seinem bestimmt von vielen Schicksalsschlägen, harten Zeiten und Hoffnungslosigkeit geprägten Leben zu erzählen.

Doch der Mann weigerte sich standhaft, das Glas anzunehmen und sich an unseren Tisch zu setzen. Wir boten all unsere Französischkenntnisse auf, doch vergebens. Der Mann gab vor, nicht zu verstehen, was wir von ihm wollten. Dafür gab er uns ziemlich deutlich zu verstehen, was er von uns wollte: dass wir endlich verschwinden. Enttäuscht mussten wir die bereits gezückten Notizbücher und Bleistifte, mit denen wir alle Einzelheiten aus dieser reichen Quelle an Songideen hatten festhalten wollen, einpacken und fanden uns auf der Strasse wieder.

Wir hatten zwar eine Flasche Rotwein, aber keine Ahnung, wo wir übernachten sollten. Wir wanderten ziellos umher, als wir ein paar Clochards erblickten. So nannte man damals in Frankreich die Obdachlosen, und auch von ihnen hatten wir eine romantische Vorstellung. Raue, aber herzensgute Männer, die unabhängig und stolz in den Tag lebten, die bewusst die Fesseln der Gesellschaft abgelegt hatten. Ihnen wollten wir es gleichtun und nur mit einer Zeitung zugedeckt die Nacht unter dem freien Himmel von Marseille verbringen.

Kaum hatten wir uns auf den Bänken eines kleinen Parks eingerichtet, standen schon ein paar Polizisten vor uns und verlangten barsch unsere Ausweise. Die Clochards auf den anderen Bänken beachteten sie nicht. Uns aber nahmen sie mit auf die Polizeiwache. Nun wurde uns doch langsam »gschmuch«. Die französische Polizei war nicht gerade dafür bekannt, jugendliche Gammler mit Samthandschuhen anzufassen. Doch anstatt in die Verhörzelle führte uns einer der Flics in den Innenhof der Polizeistation, wo sich ein kleiner Garten befand. Es dauerte eine Weile, bis wir begriffen, dass die Polizisten uns anboten, in ihrem Garten zu übernachten. Das sei wesentlich sicherer, als auf der Strasse zu bleiben. Sie hatten wohl recht, wahrscheinlich hätten wir draussen mehr Abenteuer erlebt, als uns lieb gewesen wäre. So verbrachten wir die Nacht im Garten der Polizeistation. Trotzdem kam keiner von uns auf die Idee, dieses einzigartige und skurrile Erlebnis in einen Songtext zu verwandeln.

RATTANPOLSTERGRUPPE
IM SWIMMINGPOOL

Wer bei der letzten Geschichte gut aufgepasst hat, hat bemerkt, dass unsere Band seit unserem ersten Auftritt Verstärkung bekommen hatte und wir nun zu viert waren. Neu hinzugestossen war Guggi, der Saxofonist. Als Einziger unserer Band ging er nicht in unserem Dorf zur Schule. Er wohnte mit seinen Eltern im Nachbardorf. Und seit er die Gymiprüfung bestanden hatte, fuhr er täglich mit dem Zug nach Zürich, was ihn in unseren Augen zu einem veritablen Grossstädter machte. Im Gymi lernte er Thomas kennen, der mit seinen Eltern in einer Villa am Zürichberg wohnte. Nachdem die Reise nach Marseille unsere Songschreiber-Fähigkeiten nicht massgeblich verbessert hatte, kam Guggi auf die Idee, dass wir es einmal mit LSD versuchen sollten. »Was glaubt ihr denn, wie Alben wie ›Sergeant Pepper‹ oder ›Dark Side of the Moon‹ entstanden sind? Mit Hilfe von LSD natürlich, alle grossen Songschreiber benutzen LSD.«
Wir wollten es gerne glauben. Die Gelegenheit ergab sich, als uns Thomas an einem sturmfreien Wochenende den Keller der Villa seiner Eltern grosszügig zur Verfügung stellte. Das war nicht irgendein schäbiger Hobbyraum in einem Luftschutzkeller. In diesem Keller befand sich ein richtiges Hallenbad. Thomas selbst wollte bei seiner Freundin übernachten. Also hatten wir den Keller für uns, unter einer Bedingung, die Thomas mehrmals wiederholte: »Ihr müsst Keller und Hallenbad genauso zurücklassen, wie ihr es vorgefunden habt. Ihr dürft keine Spuren hinterlassen, verstanden?«
»Verstanden, mach dir keine Sorgen«, beruhigten wir ihn. Von unserem geplanten LSD-Experiment hatten wir ihm nichts erzählt. Guggi und ich waren die beiden Bandmitglieder, die bereit waren, unter

Drogeneinfluss die Komposition des Jahrhunderts zu schreiben. An besagtem Tag bekamen wir den Schlüssel ausgehändigt und machten es uns sogleich im luxuriösen Untergeschoss der Villa gemütlich.

Wir nahmen unsere Dosis LSD, fläzten uns am Rand des Pools in die mit gelben Polstern und Kissen ausgestatteten Rattanliegen und harrten der inspirierenden Wirkung der Droge. Nichts geschah. Statt von Inspiration wurde ich von Langeweile ergriffen. Nach etwa einer halben Stunde warf ich darum ein Sitzkissen Richtung Becken, und zwar genau so, dass es zwar nicht ins Wasser fiel, aber einer der Kissenzipfel gefährlich weit über den Beckenrand ragte.

Verblüfft sah mich Guggi an. Dann begann er zu lachen und ich lachte mit. Dieses Kissen am Beckenrand war das Lustigste, was wir je gesehen hatten. Wir fielen vor Lachen fast von den Rattanliegen. Wenig später wollten wir das Kunststück mit einem anderen Kissen wiederholen. Doch dieses landete im Wasser.

Auch das löste in uns eine nie gekannte Heiterkeit aus. So kam es, dass nach und nach sämtliche Polsterkissen der Sitzgarnitur auf dem Wasser schwammen. Wir konnten uns immer noch kaum vor Lachen halten, während wir beobachteten, wie sich die gelben Velourkissen mit Wasser vollsogen und langsam zum Beckenboden sanken. Sie sahen aus wie kleine gelbe Unterseeboote. Ich weiss nicht, ob die Beatles für ihre Platte »Yellow Submarine« von einem ähnlichen Erlebnis inspiriert worden waren. Wenn es das Lied nicht schon gegeben hätte, wer weiss, vielleicht hätten wir es an diesem Nachmittag geschrieben. Vielleicht, aber nicht wahrscheinlich. Denn ehrlich gesagt hatten wir alles andere als das Songschreiben in unseren tüchtig durchgeschüttelten Köpfen.

Wir wollten nun wissen, wie wohl so eine Liege am Grund des Pools aussah. Und dann die Sessel und das Sofa. Nach und nach flog das ganze Mobiliar ins Wasser. Es war fantastisch. Wir schwangen die Möbel am Beckenrand durch die Luft: eins, zwei, drei und ab ins Wasser. Vor Lachen schmerzten uns die Bäuche. Selbst als alle Möbel versenkt waren, hatten wir noch nicht genug. In einem Abstellraum fanden wir einen Sonnenschirm und weitere Gartenmöbel, die der Rattanpolstergruppe auf dem Poolboden bald Gesellschaft leisteten.

Als Thomas am nächsten Tag die Bescherung sah, teilte er unsere Heiterkeit nicht, und auch wir waren bei nüchterner Betrachtung des Pools nicht mehr ganz von der Genialität des Projekts überzeugt. Zumindest nicht genug, um einen Song daraus zu machen. Thomas liess Guggi danach fast ein ganzes Jahr nicht mehr abschreiben. Und ich wurde nie mehr in die Villa eingeladen.

HABEN SIE BEZIEHUNGEN ZU GLEICHGESCHLECHTLICHEN?

Einer jungen, hoffnungsvollen, wenn auch erfolglosen Rockband droht ständig die Gefahr, auseinanderzubrechen. Zwei der apokalyptischen Reiter, die das Ende einer Band bedeuten können, heissen Rekrutenschule und Ehe. Auf einen verheirateten Musiker kommen Fixkosten zu, die er ohne geregelte Arbeit nicht tragen kann. Die Begeisterung, nach Feierabend müde an endlosen Probesessions teilzunehmen, nimmt ab. Es droht die Verlockung, richtig Geld zu verdienen und sich ganz der Arbeit zu widmen. Bei unserer Band kam das überhaupt nicht infrage. Wir wollten keinen Musiker, der tagsüber in einer Firma die Buchhaltung machte und abends den Musiker gab. Musiker zu sein, war eine Berufung, in unserer Band zu sein, hiess, die Sache durchzuziehen, mit allen Konsequenzen. Das war eine Frage der Haltung. Hungerleiden und eine ungewisse Zukunft gehörten einfach dazu.

Zur Ehe wird man selten gezwungen, zur RS hingegen schon. Auch meine Stunde schlug, und ich musste zur Aushebung auf den Sportplatz von Rüschlikon.

An diesem Tag werden alle jungen Männer eines Jahrgangs von einem Oberst des Eidgenössischen Militärdepartements, wie es damals noch hiess, auf ihre körperliche und geistige Eignung zum Soldatenmaterial geprüft und entsprechend ihrer Fähigkeiten den verschiedenen Waffentruppen zugeteilt. Die meisten freuten sich auf diesen Tag und gaben alles, um sich für die Truppe ihrer Träume zu qualifizieren: Gebirgsfüsilier, Panzerfahrer, Flugzeugabwehr. Ein paar wenige, unter ihnen ich, hatten das Ziel, als untauglich erklärt zu werden. Dieser begehrte Stempel im Dienstbüchlein befreite einen für alle Zeiten vom Militärdienst.

Es gab die Möglichkeit, sich ein psychiatrisches Gutachten erstellen zu lassen, wie es Albert, ein Schulkamerad getan hatte. Nur, dass so ein Gutachten viel Geld kostete; für Alberts wohlhabende Eltern kein Problem.

Mein Vater, der im Militär leidenschaftlicher Radfahrer gewesen war, dachte natürlich nicht im Traum daran, mir ein solches Gutachten zu spendieren. Albert musste nicht ins Militär, wurde jedoch vier Jahre später heroinsüchtig und überfiel im Nachbardorf eine Tankstelle. Er ist viel zu früh gestorben und liegt heute auf demselben Friedhof wie meine Mutter. Wenn ich das Grab meiner Mutter besuche, zwicke ich von meinen mitgebrachten Blumen manchmal eine ab und lege sie Albert hin.

Meine Bandkumpels und ich waren also auf unsere Fantasie angewiesen, um vom Militär wegzukommen. Wir glaubten zum Beispiel, dass einseitige Ernährung die Lösung sei.

Die letzten Wochen vor der Aushebung wollten wir auf eine strenge Salami- und Schokolade-Diät umsteigen. Dadurch sollten die Pickel im Gesicht spriessen. Wer viele Pickel hat, so unsere Überlegung, der hat viele Probleme, und wer Probleme hat, macht auch welche. Das musste den Aushebungsoffizieren bekannt sein, also würden wir dispensiert. Dachten wir. Ich wohnte damals noch zu Hause, in der Obhut meiner fürsorglichen Mutter, die es natürlich nicht zuliess, dass ich so eine hirnrissige Diät einhielt.

So trat ich schliesslich ohne festen Plan zur Aushebung an. Ich schnitt bei den verschiedenen Prüfungen im unauffälligen Mittelfeld ab. Simulieren, zum Beispiel beim Sport Bauchweh vorzutäuschen, brachte nichts. Mein Schulkollege Markus Maier versuchte es auf diese Tour, wurde sofort durchschaut und noch schärfer beobachtet.

Zum Abschluss der Aushebung stand ein kurzes persönliches Gespräch mit Oberst Galliker auf dem Programm. Er war es, der den alles entscheidenden Stempel in Händen hielt und, einem Cäsar in der

Arena gleich, über Wohl und Weh der jungen Menschen entschied. Die Sache stand schlecht für mich. Ich war überzeugt, dass ich eingezogen und meine Rockmusikerkarriere ernsthaften Schaden nehmen würde. Oberst Galliker musterte mich mit strengem Blick. Was er sah, irritierte ihn offensichtlich.

Er fragte, warum ich meine Haare blond gefärbt hatte. Ich gehörte zu der ersten Generation Punks. Was Punks genau waren und welche Ziele wir hatten oder eben nicht hatten, war damals in den Medien noch kaum zur Sprache gekommen. Oberst Galliker hatte also keine Ahnung, was ein Punk war, und ich hütete mich, es ihm zu erklären.

«Ich finde, ich sehe damit einfach hübscher aus«, begründete ich meine wasserstoffgebleichten Haare.

Ich sagte das wahrscheinlich etwas verlegen oder schüchtern. Oder dem Herrn Oberst erschien es höchst absurd, dass man blondierte Haare an einem Mann als hübsch bezeichnen konnte. Es sei denn ...

Der Oberst schaute mir direkt in die Augen und fragte streng, ob ich Beziehungen zu Gleichgeschlechtlichen pflege. Bevor ich spontan widersprechen konnte, erkannte ich den Rettungsanker, den er mir unverhofft zugeworfen hatte. Ich druckste herum und brachte keine Antwort heraus. Ihm wurde die Sache zusehends peinlich, er sah mir nun nicht mehr ins Gesicht, sondern hatte den Blick starr auf den Boden gerichtet.

Jetzt oder nie, Beat, du musst alles auf eine Karte setzen, sagte ich mir und antwortete ihm, dass ich in dieser Frage eine neutrale Einstellung hätte. Diese Antwort genügte, um seine Befürchtungen zu bestätigen. Mehr brauchte er nicht zu wissen, sondern erklärte, dass die Rekrutenschule zu hart für mich sei. Ich sei im Zivilschutz besser aufgehoben.

»Was, in den Zivilschutz? Das ist doch etwas für Schlappschwänze! Mein Vater diente dem Militär als stolzer Radfahrer. Was wird er von seinem Sohn denken, wenn er nach Hause kommt und mitteilt: Es reicht leider nur für den Zivilschutz?«, protestierte ich, um ja nicht den Verdacht aufkommen zu lassen, ich hätte es darauf angelegt wegzukommen.

Doch je mehr ich darauf drängte, in die Armee aufgenommen zu werden, desto deutlicher machte er mir klar, dass das nicht infrage kam.

Schliesslich drückte er den Stempel »untauglich« in mein Dienstbüchlein und notierte dahinter einen Zahlencode. Es war jener, der »homosexuell« bedeutete.

Ich verliess mit gespielter Niedergeschlagenheit den Raum. Dafür machte ich auf dem Heimweg umso höhere Freudensprünge.

Meinem Vater zu erklären, dass ich dem Zivilschutz zugeordnet wurde, fiel mir nicht schwer. Heikler war, den Grund dafür zu nennen. Ich behauptete, dass ich beim Hörtest die anschwellenden Pfeiftöne viel zu spät oder gar nicht hatte hören können. Meine Eltern überraschte das wenig, sie führten es auf mein Schlagzeugspielen und die laute Punkmusik, die ich ständig hörte, zurück. Dass die nicht gesund war, hatten sie schon immer gewusst. Sie schickten mich zu einem Ohrenarzt, der jedoch keine aussergewöhnlichen Gehörschäden feststellen konnte.

Töffjugend in Rüschlikon, 1976.

Kraft durch Freude,
Wir bleiben Kameraden,
Maxisingle 12", 1979.

Konzertplakat von Kraft durch Freude,
Wir bleiben Kameraden.

Sperma, »love love« –
»everything i do is wrong«,
Single 7", 1980.

Marlene Marder, Buch
Kleenex / LiLiPUT,
Zürich, 1986.

Liliput,
»You did it« / »The Jatz«,
Single 7", 1983.

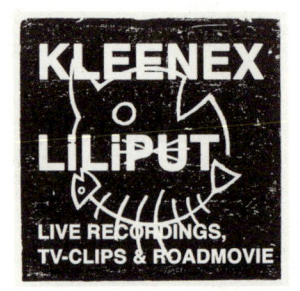

Kleenex / LiLiPUT,
*Live Recordings,
TV Clips & Roadmovie*,
CD/DVD, 2010.

Kabarett Götterspass, »Willhelm Tell« aus *Der Weg zum Ruhm*, 1984.

Kabarett Götterspass, *Das offizielle Festprogramm*, 1991.

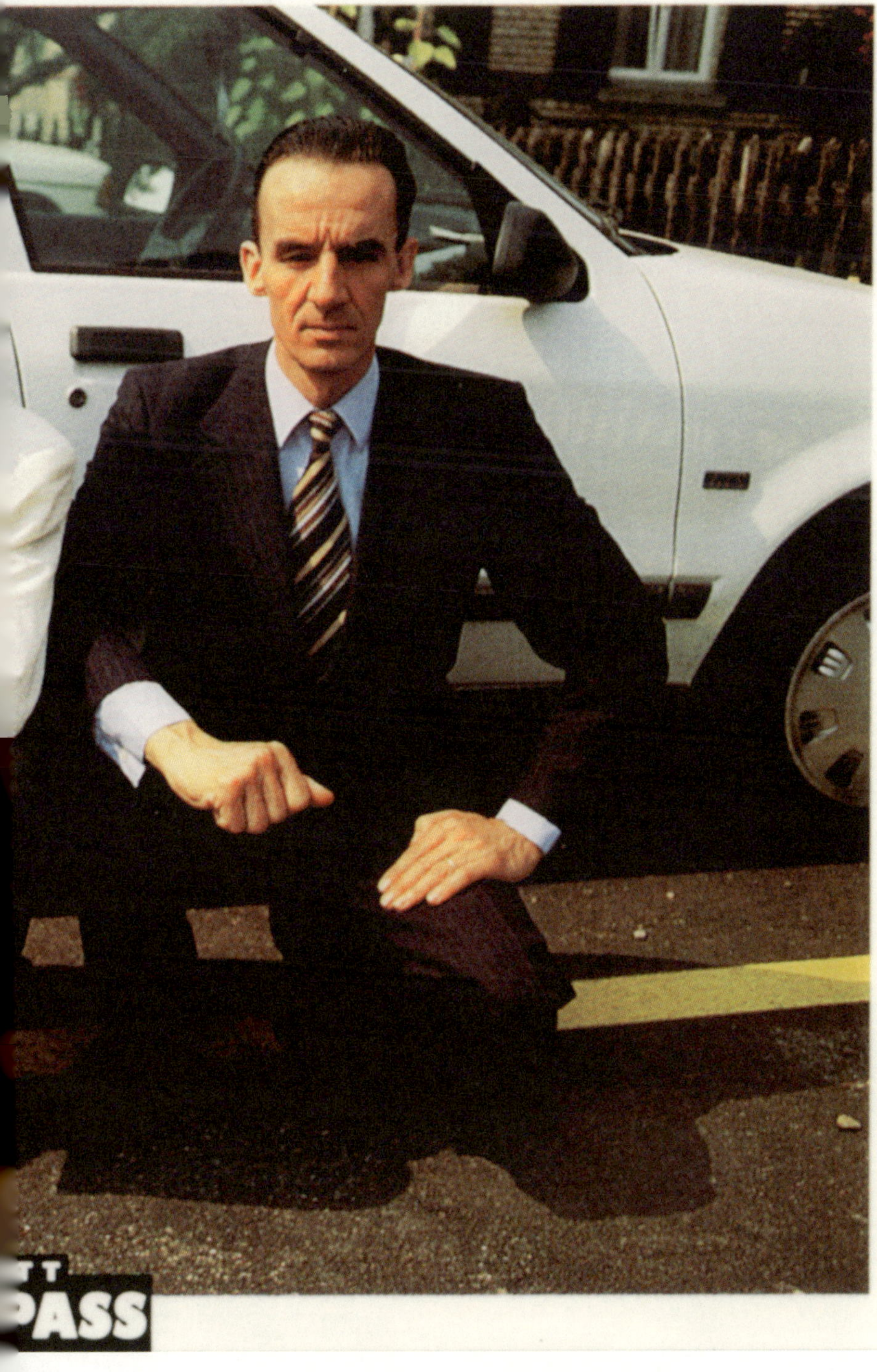
PASS

Kabarett Götterspass, »Die Dichterlesung« aus *Das offizielle Festprogramm*, 1991.

Kabarett Götterspass, »Die Armee-Reform« aus *Das offizielle Festprogramm*, 1991.

Kabarett Götterspass, »De Rätselegge« aus *Das offizielle Festprogramm*, 1991.

Schlatter & Frey, *Der beliebte Bruder*, 2007.

Kabarett Götterspass, *Der Betriebsanlass*, 1993.

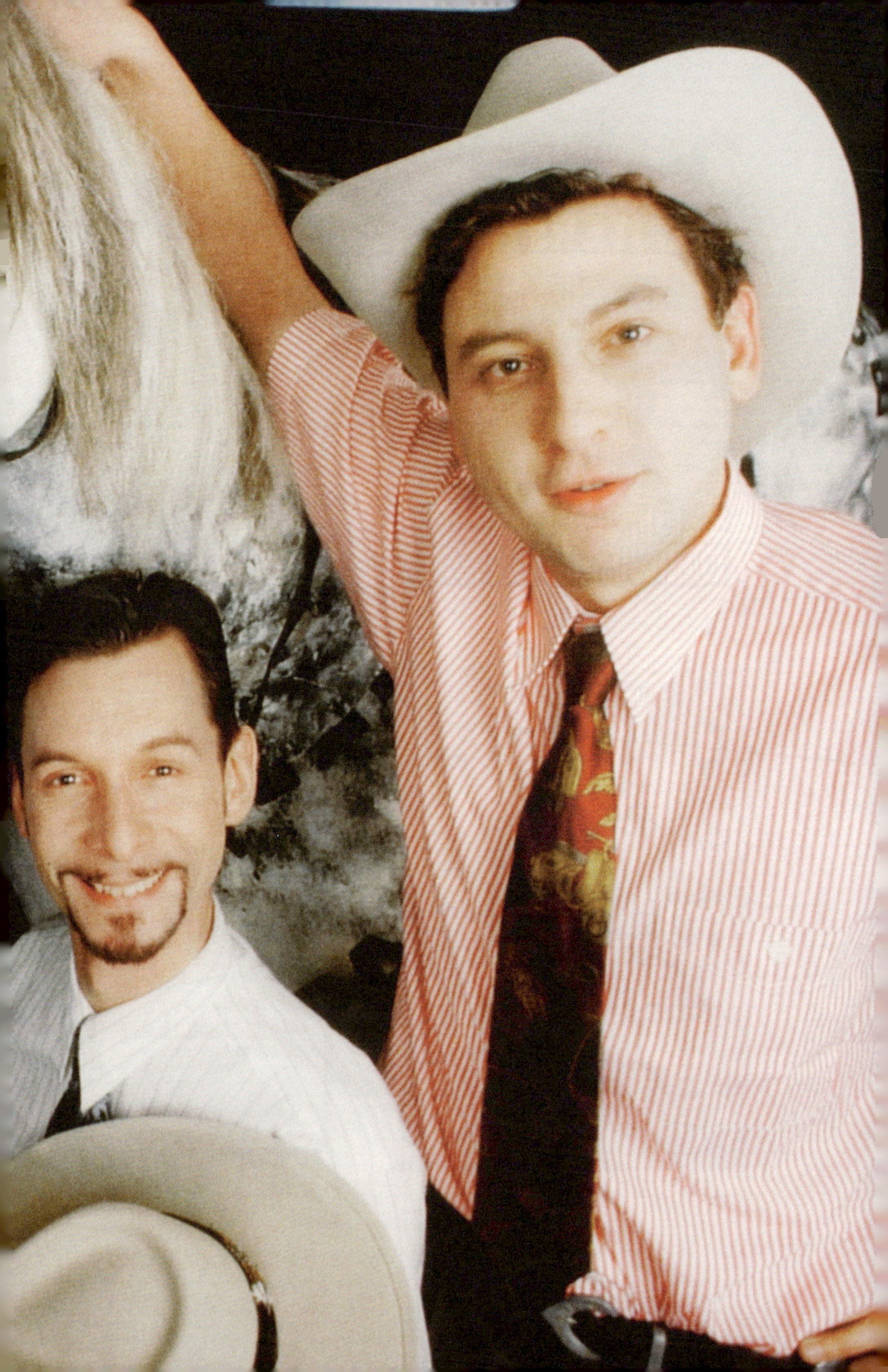

72

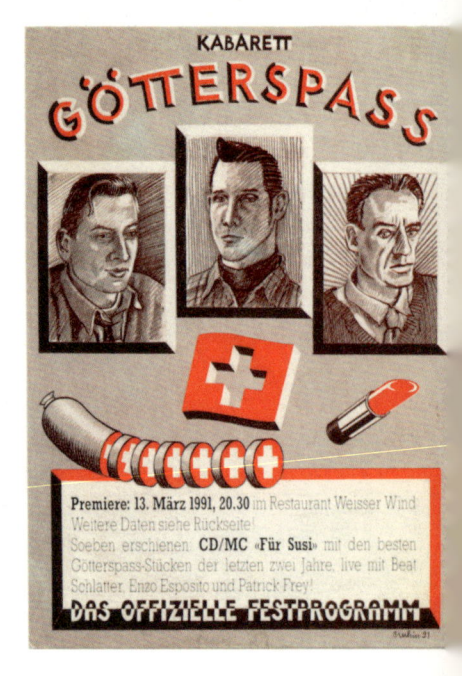

73

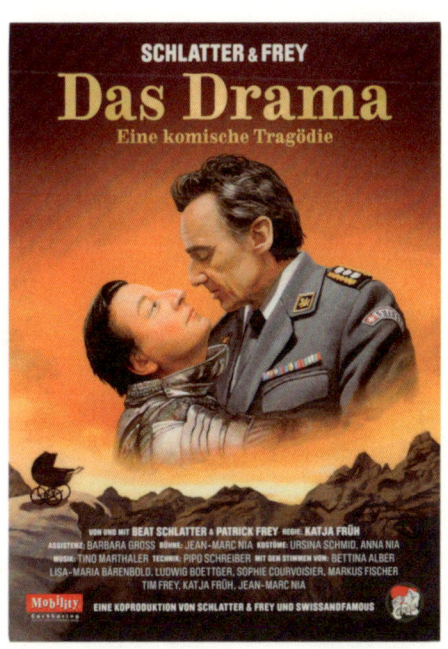

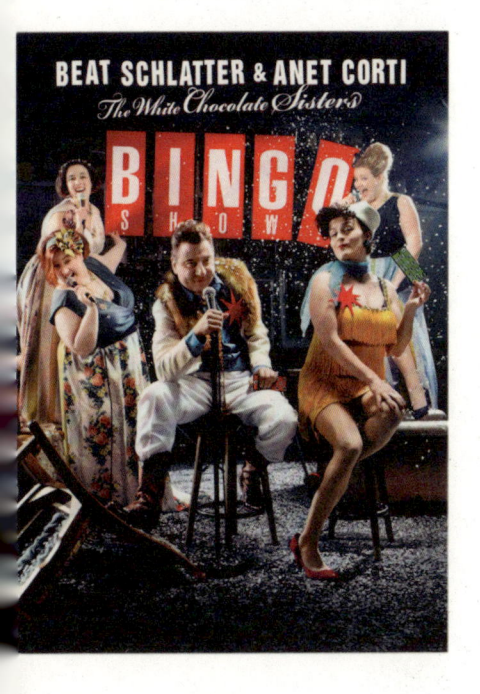

Kabarett Götterspass, Fernsehsketch, 1995.

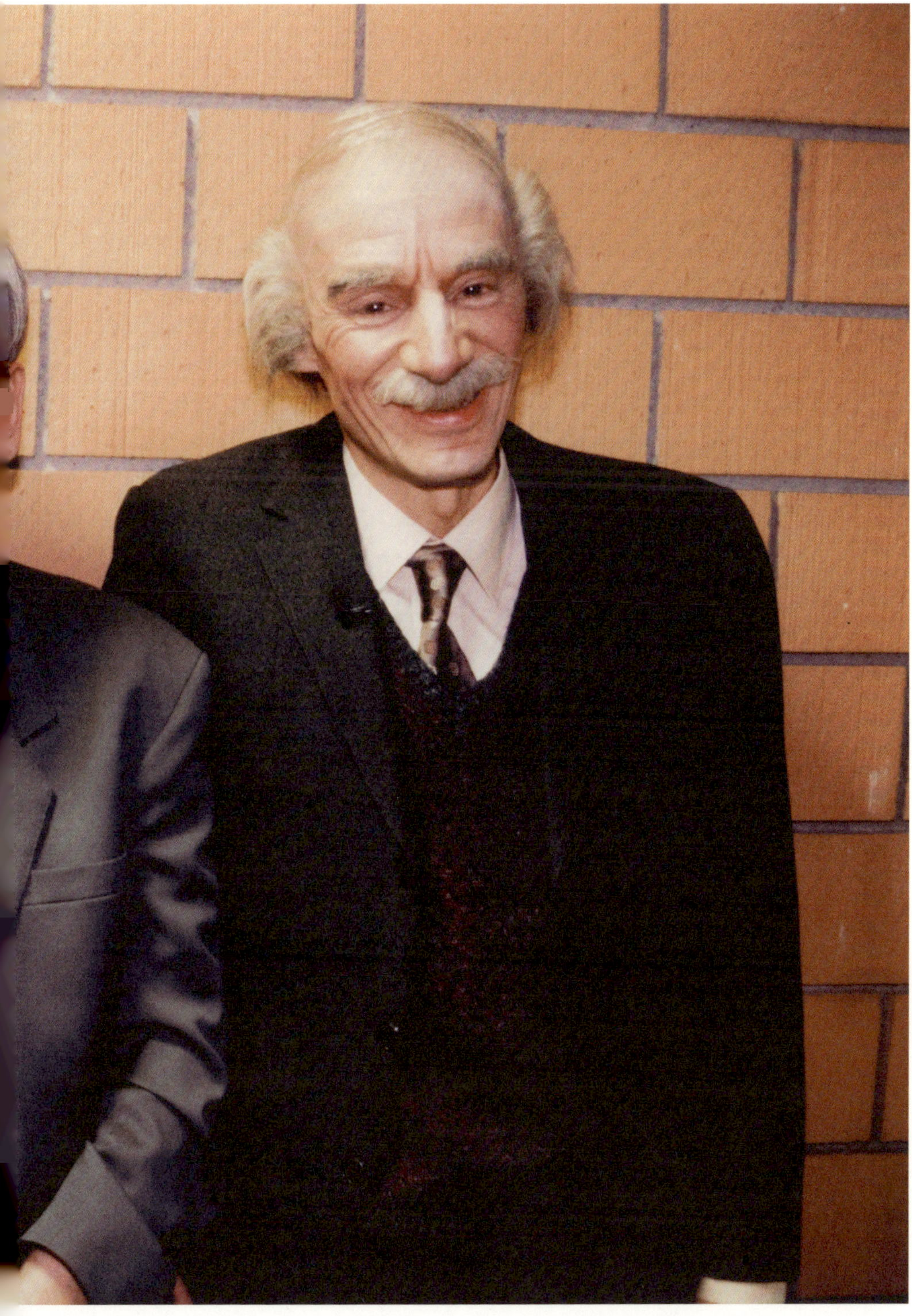

DIE PUPPE IM AUTO

Ich fahre nicht gerne Auto, weder am Steuer noch auf dem Beifahrersitz. Wie ich mit zwanzig die Fahrprüfung bestanden habe, ist mir immer noch ein grosses Rätsel. Mein erstes und zugleich letztes Auto war ein gebrauchter, hellgrüner BMW. Es war das Modell, mit dem der damals schon legendäre Kriminaloberinspektor Derrick unterwegs war. Mit dem Unterschied, dass mein Wagen in einem erbärmlichen Zustand war. Den zu holen, hätte sich Harry glattweg geweigert.

Nach bestandener Fahrprüfung entfernte ich stolz die blaue Tafel mit dem »L« darauf. Das war ein Fehler. Denn nun verzieh mir niemand mehr, wenn ich den Motor abwürgte, mich verschaltete, falsch blinkte oder auf der Strasse stehen blieb. Die Sache nahm solche Ausmasse an, dass die Leute am Strassenrand stehen blieben und dem hupenden Konvoi hinter mir zuwinkten, weil sie meinten, wir seien eine türkische Hochzeitsgesellschaft.

Ich erinnerte mich wehmütig an die Geduld, die mir als Fahrschüler entgegengebracht worden war, und befestigte das blaue Lernfahrerschild erneut am Heck. Die Huperei hörte sofort auf. Nun ist es aber so, dass ein Fahrschüler nicht alleine fahren darf, sondern in Begleitung eines Beifahrers. Zum Glück fand ich in Herrn Zuppiger den perfekten Beifahrer. Er redete mir auch nie rein. Herr Zuppiger war nämlich eine mannsgrosse selbstgebaute Puppe, die einen fünfzigjährigen unauffälligen Durchschnittsmann darstellte.

Wir setzten Herrn Zuppiger bei Auftritten des Kabarett Götterspass ins Publikum. Die Puppe war mit einem Endlosband und einem Lautsprecher ausgerüstet. Während der Vorstellung lief das Band, sodass Herr Zuppiger die ganze Zeit leise vor sich hinmurmelte: »So en hure

Seich. Das isch überhaupt nöd luschtig. Schad fürs Geld.« Zwischendurch hustete er oder raschelte mit einem Bonbonpapierchen.

Nach den Vorstellungen verstauten wir unsere Bühnenrequisiten im Dachstock des Restaurants Zeughauskeller am Paradeplatz, wo ich während acht Jahren wohnte. Die Puppe aber blieb fortan auf dem Beifahrersitz meines Autos. So wurde ich mit meinem »L« von der Polizei nie angehalten und fühlte mich wohl am Steuer.

Als der BMW den Geist aufgab, endete meine Autofahrer- und Herrn Zuppigers Beifahrerkarriere. Heute fahre ich nur noch im Film Auto, und auch dann nur, wenn die Strassen links und rechts abgesperrt sind oder das Auto auf einem Tieflader steht.

DER KAFIRAHMDECKELI-SKANDAL

Eines Tages erhielt ich einen Anruf einer Kafirahmdeckeli-Firma: »Herr Schlatter, hätten Sie Interesse, mit dem Kabarett Götterspass als Motiv auf einem Kafirahmdeckeli abgebildet zu werden?« Wer wollte das nicht? Ich weiss von keinem anderen Volk auf Erden, das ein so liebevolles, an Besessenheit grenzendes Verhältnis zu portionenweise abgepackten Molkereiprodukten pflegt. Ich sagte also begeistert zu und verwies den Mann an unseren Manager Peter Staub.

Dieser rief mich am nächsten Tag leicht verstimmt an: »Du, Beat, die wollen 800 Franken, damit ihr auf einem Kafirahmdeckeli abgedruckt werdet, die haben doch einen Dachschaden! Zudem seid ihr dann in ein und derselben Serie mit dem Bauchredner Kliby und Caroline, Peach Weber und mit, wie heisst er schon wieder, dieser Schweizer, der mit den Hausfrauen Gospels singt?«

»Du meinst Bo Katzmann? Was ist denn das Motto der Sujetreihe? Bekannte Schweizer Witzfiguren?«, fragte ich nun auch schon etwas weniger begeistert.

»Etwas in der Art«, fuhr Peter fort. »Wollt ihr wirklich zusammen mit all denen in einer Kafirahmdeckeli-Serie verewigt werden. Und erst noch dafür bezahlen?«

Ich überlegte einen Moment. »Können wir das Fotosujet selbst bestimmen?«

»Ja, das können wir.«

Ich hatte eine Idee und wies Peter an, mit der Firma einen Vertrag mit einer hohen Konventionalstrafe aufzusetzen, die an uns bezahlt werden musste, falls das von uns gewählte Motiv abgelehnt wurde. Die Kafirahmdeckeli-Firma unterschrieb den Vertrag. Sie erwartete in den folgenden Tagen ein vorteilhaftes Gruppenbild des Kabarett Götterspass.

Das sollten sie bekommen. Wir spielten damals jeden Abend im Theatersaal des »Weissen Wind« an der Oberdorfstrasse in Zürich. Vor der Vorstellung gingen wir auf die Dachterrasse und fotografierten dort mit dem Selbstauslöser nicht unsere Gesichter, sondern unsere Hintern, die wir mit zwei Lampen sorgfältig ausleuchteten. Das Porträt war gelungen. Von einem Grafiker liess ich ein paar hübsche Butterblümchen rundherum drapieren, was dem Sujet eine liebliche Note verlieh, und sandte die Vorlage ein. Sie löste ein mittleres Erdbeben aus. Die Kafirahmdeckeli-Firma war empört, das Motiv sei eine unverschämte Provokation. Sie versuchten es mit gutem Zureden, mit Schmeicheln, mit Betteln, mit Drohen. Wir blieben hart. Drucken oder zahlen. Da die Firma die Konventionalstrafe unter keinen Umständen bezahlen wollte, musste sie das Deckeli wohl oder übel als Teil der geplanten Serie drucken und schweizweit in die Restaurants verteilen.

Der Skandal blieb nicht aus. So etwas hatte es noch nie gegeben. Ein Fernsehsender bat um eine Stellungnahme, und die Zeitungen schrieben landauf, landab darüber. Heute würde man wahrscheinlich von Guerilla-Marketing sprechen. Selten hat jemand mit 800 Franken so viel Aufmerksamkeit erregt. Besonders in Erinnerung geblieben ist mir ein Leserbrief, der im Blick veröffentlicht wurde. Darin beschwerte sich ein empörter Kafirahmdeckeli-Sammler darüber, dass er nach dem Abreissen der Deckeli gern den Rahm von der Rückseite abschlecke. Bei unserem Deckeli werde es ihm aber nur schon beim Gedanken daran schlecht.

HAT DER TAG BEI IHNEN HEUTE AUCH DÜSTER ANGEFANGEN?

Andreas Dobler ist einer meiner besten Freunde. Schon unser erstes Zusammentreffen war ziemlich legendär. Wir lernten uns an Silvester kennen. Ich besuchte eine Party bei Willi Spiller. Willi ist Fotograf, arbeitete damals für die *Schweizer Illustrierte* und machte dort die grossen Starreportagen. Es war eine sehr elegante Silvesterparty mit vielen Künstlern. Willis damalige Frau Donatella Maranta, auch sie eine Künstlerin, stand in der Küche und häutete die Tomaten für den Salat. Das Bild ist mir geblieben.
Doch für mich verlief der Abend höchst unerfreulich. Am Tisch sass ich einer Frau gegenüber, die mir den ganzen Abend lang von nichts anderem als von ihren Gallensteinen erzählte, bis mir der Kragen platzte und ich sie anfuhr: »Jetzt Gopfridstutz verschon mich endlich mit deinen Gallensteinen! Die gehen mir so was von am Arsch vorbei.« Das war ein Fehler. Die Dame verdrückte sich in eine Ecke und weinte bitterlich. Ich erntete böse Blicke und Kopfschütteln. Die Gäste hielten mich für einen gefühllosen Grobian, also beschloss ich, mich aus dem Staub zu machen.
Das Glück war mir hold. Zwei Redakteurinnen, Sabine und Iris, wollten auch weiterziehen und wussten sogar wohin. Nach Oerlikon in eine illegale Bar, die die ganze Nacht offen hatte. Dort wollten wir weiterfeiern und über Erfreulicheres als Gallensteine reden. Wir fuhren mit dem Auto von Sabines Vater los.
Irgendwann war es vier Uhr morgens. Sabine und Iris tanzten bekifft in der verrauchten kleinen Bar. Ich sass betrunken auf einem Barhocker, als mich Andreas Dobler ansprach. »Hast du zufällig ein Auto?«, fragte er, weil er nicht wusste, wie er nach Hause kommen sollte. »Ja«, antwortete ich. Ich sei mit zwei hübschen Frauen da,

von denen eine ein Auto habe. Dobler wurde sofort hellhörig: »Ach so, mit zwei hübschen Frauen bist du hier?« Dadurch stieg ich in seinem Ansehen beträchtlich, und er setzte sich neben mich an die Bar. So geht das ja oft, wenn man mit schönen Frauen am Schwatzen ist. Plötzlich interessieren sich alle Kollegen für einen und wollen dringend etwas abmachen, um dann ganz nebenbei mit den Frauen ins Gespräch zu kommen.

Als Sabine und Iris von der Tanzfläche kamen, um sich an der Bar zu stärken, war bald klar, dass wir vier uns sehr gut verstanden. Silvester ist bekanntlich das Fest der Schönfärberei und des Optimismus. Andreas und ich waren deshalb überzeugt, dass dies unsere Nacht sei und wir mit den Frauen heimgehen würden. Bis wir zum Aufbruch bereit waren, verging allerdings noch etwas Zeit. Endlich stiegen wir zu Sabine ins Auto.

Es kam, wie es kommen musste. Sabine fuhr in der falschen Richtung aus der Einbahnstrasse, und als sie in die Hauptstrasse einbiegen wollte, verwechselte sie das Gas- mit dem Bremspedal und wir krachten in ein entgegenkommendes Taxi. Gottseidank kam es nur zu einem Blechschaden. Doch als die Polizei kam, war klar, dass Sabine zur Blutabnahme auf den Polizeiposten musste. Aus Solidarität mit den Frauen und in der Hoffnung, dass die Sache nicht lange dauern würde, gingen wir mit. Auf der Kreiswache 11 verhörte man Sabine in einem Nebenraum, Iris durfte mitgehen. Dobler und ich mussten im Eingangsbereich warten. In diesem kalten Raum mit Neonlicht sass ein Polizist an seinem Pult und blätterte in seinen Akten. Wir waren von der Silvesterstimmung und den Aussichten auf das, was gemäss unserer Fantasie noch folgen sollte, euphorisiert und liessen uns von diesem kleinen Rückschlag nicht die Laune verderben.

»Haben Sie heute Nachtschicht?«, fragte ich den Polizisten zur Auflockerung.

»Ja, ihr seht ja, dass es draussen dunkel ist«, brummte dieser. »Aha, dann hat der Tag bei Ihnen heute auch düster angefangen?«, konnte Dobler sich nicht verkneifen zu fragen.

Der Polizist legte den Kugelschreiben nieder und warf uns einen strengen Blick zu: »Ihr könnt gehen, wir brauchen euch nicht mehr!« Mit hängenden Ohren verliessen wir die Kreiswache. So kurz vor dem Ziel zu scheitern, das war bitter. Wir mussten also alleine nach Hause gehen. Der Weg dorthin war lang. An Silvester sind alle Taxis in der Innenstadt unterwegs. So mussten wir zu Fuss von Oerlikon bis ins Stadtzentrum. Dabei unterhielten wir uns aber prächtig. Dobler fand, wir sollten unbedingt einmal zusammenarbeiten. Ich war sofort einverstanden, wenn mir auch nicht ganz klar war, wie die Zusammenarbeit zwischen einem Schauspieler und einem Kunstmaler aussehen könnte. Dobler dachte an eine Horrorkomödie, er war ein eingefleischter Stephen-King-Fan.

Tatsächlich arbeiteten wir dann drei Jahre lang zusammen an der tragischen Komödie Katzendiebe. In der ersten Fassung kam ein Guru vor, der mit seiner Sekte im Wald lebt und überzeugt ist, dass man Haustiere opfern muss, damit man beim eigenen Tod an der Himmelspforte von jemandem freudig begrüsst wird. Als wir merkten, dass wir mit dieser Fassung nicht weiterkamen, wandten wir uns an Martin Suter, der zu diesem Zeitpunkt bereits das Drehbuch für *Jenatsch* von Daniel Schmid geschrieben hatte. Aber weil Suter bald nach Guatemala auswanderte, wäre eine Zusammenarbeit zu kompliziert geworden. Durch einen glücklichen Zufall kam die Produzentin Ruth Waldburger ins Spiel. Wir lernten uns an der Bahnhofstrasse kennen, als ich gerade mit Urs Egger einen Werbespot für Damenbekleidung drehte. Sie schaute bei den Dreharbeiten zu. »Mit dir will ich mal einen Film drehen«, sagte sie zu mir. »Das Drehbuch hab ich schon«, antwortete ich. So sass ich bereits eine Woche später bei Ruth Waldburger im

Büro. Sie erzählte mir von Walter Bretscher, mit dem ich schliesslich das Drehbuch zu *Katzendiebe* erfolgreich fertig schrieb.

Die lange Silvesternacht mit Andreas Dobler legte also nicht nur die Grundsteine für *Katzendiebe* und *Die grosse Schwamendinger Oberdorfoper*, es war auch der Beginn einer langen Freundschaft.

ICH MAG KEINE FRAUEN, DIE ...

Ich hatte mich mit Tobi Gmür, dem Sänger und Gitarristen der Luzerner Rockband Mothers Pride, in einer Bar in der Nähe des Luzerner Bundesplatzes verabredet. Er zeigte mir ein Bild seiner neuen Freundin Silvana und gestand, er sei seit zwölf Jahren nicht mehr so verliebt gewesen.
Ich fragte ihn, ob er für sie ein Liebeslied schreiben werde. Daraus entstand eine mehrstündige, lange in die Luzerner Nacht hinein geführte Diskussion, was ein gutes Liebeslied ausmacht und was eben nicht. Ich schlug ihm vor, ein Lied zu schreiben, dessen Strophen all jene Eigenschaften von Frauen auflisten, die Männern ein Gräuel sind. Der Refrain sollte dann aber ungefähr so lauten: »Aber so bist du nicht, deshalb liebe ich dich.«
Tobi gefiel die Idee, und er bat mich, einige Beispiele zusammenzutragen. Frau Fischer und der Regisseur Tom Gerber steuerten noch weitere Einfälle bei. Aus den lustigsten Vorschlägen schrieb Tobi einen Song in englischer Sprache, der an unserer Hochzeit uraufgeführt wurde.
Hier der deutsche Text:

Ich mag keine Frauen, die:
einen Rucksack tragen,
Slipeinlagen verwenden,
geizig und humorlos sind,
mir mit verschränkten Armen gegenübersitzen
und nie ein offenes Dekolleté zeigen.
Nie betrunken sind und alles unter Kontrolle haben,
nie Parkbussen bekommen und langweilige Unterwäsche tragen.

Müde ins Bett kommen,
immer frieren und nur Salat essen,
Überraschungen nicht mögen und Coelho lesen.
Bunte Bettwäsche haben und sonntags immer Leute
zum Brunch einladen.
Fan sind von schlechten, aber gut aussehenden Rockmusikern.
Eingeschnappt sind, wenn man mit anderen Frauen flirtet.
Immer auf ihr Handy schauen und nie etwas vergessen.
Keine Fantasie haben,
immer zu spät kommen.
Spätnachts nicht mitkommen einen Kebab essen.
Die gerne Aktivsportferien machen, aber nicht gerne tanzen.
Originelle Duschvorhänge haben.
Immer Sushi essen gehen wollen.
Ringhörige Untermieter haben.
Sich an einer Party schnell langweilen und früh nach Hause wollen.
Am Morgen schlechte Laune haben.
Nicht nur vor, sondern auch nach der Mens schnell reizbar sind.
Am Sonntag spazieren wollen und sagen: »Mir sind hüt no gar nöd
verusse gse.«
Sagen: »Du interessierst dich überhaupt nicht für meine Freunde.«
Beim Kauf eines Sofas in der Ikea auch noch Rechaud- und
Duftkerzen kaufen.
Mich daran erinnern, dass übermorgen Kartonsammlung ist.
Im Restaurant kein Dessert bestellen, weil sie denken,
sie sind zu dick, und dann doch mehr als die Hälfte von
meinem Dessert essen.
Sich schämen, im Schauspielhaus in der Pause wegzuschleichen,
obwohl das Stück grottenschlecht ist.
Kein Deo und Parfüm benutzen, weil das der Haut schadet.

Ein T-Shirt mit »Tüüfeli« drauf tragen, dann aber doch schüchtern und langweilig sind.

Mich fragen, ob ich in diesem Bett auch schon Sex mit meiner Ex-Freundin gehabt habe.
Keine Comics lesen, weil sie das kindisch finden.
Von der NZZ am Sonntag immer nur den Stilbund lesen.

Refrain:
Aber so bisch du nöd, all das machsch du nöd,
drum han ich dich so gern.

NEXT STOPP COMO

Mein Freund, der Maler Andreas Dobler, zeigte unter dem Titel *The Worst of Dobler* seine Werke in der Galerie Amberg & Marty in Zürich. Wenn Dobler ausstellt, gehe ich an die Vernissage. An der Ausstellung blieb ich vor einem Unterwasserbild stehen. Unten im Bild schwammen drei fröhliche Delfine durch türkisblaues Wasser und tropische Unterwasserfauna – ein Sujet in knalligen Farben, wie man es sonst nur auf Badetüchern sieht. Ich hob den Blick und entdeckte überrascht einen Mann und eine Frau, die unter Wasser Sex haben. Da der obere Bildrand zugleich die Wasseroberfläche darstellte, waren die Köpfe der beiden nicht mehr zu sehen. Zwei kopflose kopulierende Körper. Das Bild war wunderschön. Dobler hatte mir zwar schon davon erzählt, aber es übertraf all meine Erwartungen.

Auf einmal stand eine Kunsthistorikerin neben mir. Sie hatte ihre beiden Migros-Säcke an der Eingangstüre abgestellt, offenbar war sie nur zufällig vorbeigekommen. Dobler kannte sie und stellte uns vor. Ihr Name war Mirjam Fischer, und sie sagte, sie freue sich, mich endlich kennenzulernen. Wir kamen ins Gespräch und redeten vor allem über Doblers Unterwasserbild. Frau Fischer, wie ich sie später dann nennen sollte, empfahl mir dringlich, dieses Bild zu kaufen. Als sie sich nach den Aufführungen von *Der beliebte Bruder* erkundigte, gab ich ihr meine Natel-Nummer, damit sie sich bei mir melden konnte, falls sie Tickets wollte.

Sie schrieb mir noch am gleichen Abend ein SMS. Sie hoffe, der Bilderkauf sei erfolgreich über die Bühne gegangen. Von da an blieben wir in regem SMS-Kontakt und kamen uns auch sonst erstaunlich schnell sehr viel näher.

Nur wenig später smste ich ihr, dass ich am folgenden Tag Geburtstag hatte und aus diesem Anlass übers Wochenende alleine nach Genua reise. Sie fragte, welchen Zug ich nähme.

Frühmorgens an meinem Geburtstag bestieg ich den Zug Richtung Mailand. Nach drei Stunden piepste mein Handy. Ein SMS von Frau Fischer: »Next Stopp Como. Happy Birthday. Ich sitze im Speisewagen, wo sitzt du?«

Gerne würde ich nun berichten, dass mir das Herz geschmolzen ist und ich auf Wolken in den Speisewagen geschwebt bin. In Wirklichkeit war ich völlig irritiert. Die Sache passte mir gar nicht. Was machte die in meinem Zug? Ich wollte doch meinen Geburtstag alleine irgendwo in Genua verbringen und über das Leben nachdenken.

Ziemlich widerwillig ging ich in den Speisewagen, wo Frau Fischer sass. Ich setzte mein bestes Lächeln auf. Ich merkte aber schnell, dass mir das Lächeln leicht fiel und wir uns wirklich gut verstanden. Wir erreichten bald Mailand, wo ich umsteigen musste. Frau Fischer meinte verschmitzt, sie käme mit nach Genua, ob das gut sei. Darauf entgegnete ich, dass sie nicht gut in Mailand bleiben könne, weil da wegen einer Messe alles ausgebucht sei. Von Mailand nach Genau fuhren wir allerdings in getrennten Abteilen, unsere Reservationen waren logischerweise nicht aufeinander abgestimmt. Das gab mir die Möglichkeit, mich mit der neuen Situation weiter anzufreunden.

In Genua nahmen wir ein Taxi. Das Hotel befand sich mitten in der verwinkelten Altstadt und war schwierig zu finden. Es war ein kleines Hotel mit einer winzigen Rezeption. Ich rechnete damit, dass wir für Frau Fischer ein zweites Zimmer organisieren mussten. Ich hatte ja nur ein Einzelzimmer reserviert. Doch als wir mein Zimmer, das ich in meinem lausigen Italienisch gebucht hatte, besichtigen durften, kippten wir beinahe aus den Finken. Es war ein riesiges wunderschönes Zimmer mit einem grossen Bett, einem mächtigen Pult und einer ausladenden Terrasse. Der reine Wahnsinn! Im Korridor zur Toilette gab es eine Bibliothek, und im Bad standen sogar Waschmaschine und Tumbler!

»Jesses, das wird was kosten!«, dachte ich bei mir. Äusserlich blieb ich aber ganz cool und tat so, als sei das der Standard, den ich auf Reisen gewohnt bin.

Frau Fischer musste kein anderes Zimmer nehmen. Wir lernten uns dann sehr gut kennen. Vier Jahre später heirateten wir, wenige Wochen vor meinem fünfzigsten Geburtstag.

MAGISCHE PILZE

Trotz des Desasters im Hallenbad verwarf ich die Idee, dass psychedelische Drogen die Inspiration fördern können, nicht ganz. Anfang der 1990er-Jahre hatte ich mit Andreas Dobler einen 43-minütigen Film gedreht. Damals verstand ich mich als Universalkünstler. Jeder Künstler, der etwas auf sich hielt (und eine Menge anderer Leute), drehte damals einen Film. Unser Film hiess *Ein Gespräch mit Andreas Dobler*. Der Inhalt des Films, man ahnt es, war »Andreas Dobler und Beat Schlatter in einem ungezwungenen Gespräch über Andreas Dobler«. Der Videofilm wurde dann in einer limitierten Auflage an einer von Michelle Nicol organisierten Ausstellung in Zürich verkauft.
Gut zehn Jahre später hatten Andreas Dobler und ich erneut eine Idee für einen Kunstfilm. Dobler sollte zehn Fragen aus dem legendären Künstlerbuch *Findet mich das Glück?* von Peter Fischli und David Weiss zuerst nüchtern, dann unter Einfluss von Magic Mushrooms beantworten. Wir installierten in Doblers Atelier Kamera und Beleuchtung. Meine Aufgabe bestand darin, seine Antworten auf Film zu bannen.
Die dem kunstinteressierten Publikum bestens bekannten Fragen lauten unter anderem: »Ist meine Dummheit ein warmer Mantel?«, »Was wissen die anderen über mich?«, »Soll ich Kreide fressen?«, »Erledigt sich alles von selbst?«, »Bin ich der Schlafsack meiner Seele?«, »Fährt manchmal nachts meine Seele ohne Auspuff in der Gegend herum?« oder »Wessen Müdigkeit spüre ich?«
Nachdem Dobler diese und andere Fragen aus dem Buch gewohnt geistreich und witzig beantwortet und ich das Ganze gefilmt hatte, nahm er von den Pilzen.

Ich hatte die Eingebung, dass der Film nur dann authentisch sei, wenn auch ich von den Pilzen nehmen würde. Den Knopf an der Kamera würde ich auch unter deren halluzinogenen Wirkung bedienen können. Dachte ich.

Der zweite Teil des Filmes ist nie gedreht worden. Ich weiss bis heute nicht genau, woran es lag. Vermutlich waren die Pilze zu frisch, oder wir nahmen zu viele davon auf leeren Magen. Auf alle Fälle war die Wirkung der Pilze derart heftig, dass wir glatt den Grund vergassen, weshalb wir sie genommen hatten.

MAGISCHE PILZE ZWEITER VERSUCH ODER NACH NEW YORK RENNEN

Bestimmt kennen sie die Komödie *Mein Freund Harvey*. Sie wurde in den 1950er-Jahren mit James Stewart verfilmt. Stewart hat darin einen Freund, einen weissen Hasen namens Harvey, den nur er sehen kann.
Etwas Ähnliches war ich einmal für meinen Freund Andreas Dobler oder glaubte es zumindest. Dobler hatte Anfang der 1990er-Jahre vom Bundesamt für Kultur ein Atelierstipendium in New York erhalten. Ein Jahr lang konnte er in Manhattan leben und arbeiten. Dort lernte er Jede kennen.
Zwanzig Jahre später, er wohnte schon lange wieder in Zürich, nahmen wir wieder mal Magic Mushrooms ein. Unter ihrer Einwirkung hatte er die Vision, dass Jede, von der er schon lange nichts mehr gehört hatte, in Kürze etwas Schreckliches zustossen würde und dass er, dank der Pilze, dieses Unglück voraussehen konnte. Er musste Jede retten. Sofort rannte er los, um sie vor dem drohenden Unheil zu bewahren. Ja, er wollte nach New York rennen. Ich rannte ihm hinterher und versuchte ihm beizubringen, dass das viel zu weit weg und überhaupt unmöglich sei.
Doch Dobler war nicht zu bremsen, er änderte nur hin und wieder die Richtung, wenn ihm unterwegs eine Abkürzung nach New York einfiel. So rannten wir an einem schönen Sonntagnachmittag im Sommer mehrere Stunden kreuz und quer durch die Stadt Zürich. Wir kamen mindestens drei Mal am Escher-Wyss-Platz vorbei. Zwischendurch wollte Dobler mir seine Gedanken mitteilen, aber wann immer er mich ansprach, befahl ich ihm, still zu sein, da die anderen Leute uns komisch anschauten. Ich hatte nämlich in der Zwischen-

zeit meinen Körper verlassen und war überzeugt, dass ich nur noch für ihn sichtbar war. Darum hatte ich Angst um ihn. Ich befürchtete, die Leute könnten ihn für einen durchgedrehten Spinner halten, der in der Öffentlichkeit mit sich selber spricht. Ich war felsenfest davon überzeugt, dass ich physisch nicht mehr existierte und dass nur noch meine Seele Andreas Dobler Richtung New York folgte. Irgendwann liess die Wirkung der psychedelischen Pilze nach. Wir befanden uns unterdessen am Ufer des Zürichsees, auf der Höhe Zürichhorn. Wir waren von unserem Gerenne ziemlich erschöpft. Wir legten uns auf die Wiese und schauten dem Sonnenuntergang zu. Und ich fragte mich, wie viele Bekannte uns an diesem Tag wohl begegnet waren und ob sie mich nun hatten sehen können oder nicht.

EINEN SCHWULEN BEEINDRUCKEN ODER DAS GEHEIMNIS BLAUER BETTWÄSCHE

Mit Andreas Dobler war ich während mindestens fünf Jahren an jedem freien Abend im Ausgang. Wir zogen zusammen durch Bars und Clubs, besuchten Vernissagen, Konzerte und private Einladungen. Unser Ziel war es, möglichst viele Frauen kennenzulernen. Das taten wir auch, waren wir doch durchaus unterhaltsame und anregende Gesprächspartner. Doch sobald sich einer von uns ernsthafter für eine Frau zu interessieren begann, entdeckte der andere an ihr tausend Fehler: »Schau doch mal genau hin. Diese Lippen. Willst du wirklich von solchen Lippen geküsst werden?« Oder: »Gefallen dir solch breite Schultern?« Diese Einwände waren meist völlig aus der Luft gegriffen. Wir beide hatten ganz einfach Schiss, der andere könnte sich verlieben und die Freundschaft vernachlässigen. So machten wir uns gegenseitig die attraktivsten Frauen madig.

Dobler wohnte damals an der Hohlstrasse mit dem schwulen Richi zusammen. Richi war im gleichen Alter wie wir, sah aber blendend aus und hatte ein aktives, erfülltes Sexleben mit immer neuen Liebhabern. Am Morgen sassen diese dann zusammen mit dem strahlenden Richi in der Küche, dem stets allein aufwachenden Dobler gegenüber. Für ihn war das unglaublich frustrierend. Er stand oder sass da wie ein Eunuch. Eines Abends fragte mich Dobler deshalb, ob er bei mir auf dem Sofa übernachten könne. »So glaubt Richi wenigstens einmal, ich hätte auswärts eine gute Nacht gehabt.«

Dem wollte ich natürlich nicht im Weg stehen, und so verbrachte Dobler die Nacht auf dem Sofa in meiner kleinen Dreizimmerwohnung an der Waaggasse. Am nächsten Morgen tischte ich ihm ein üppiges

Frühstück auf und erklärte nicht ohne Stolz: »Die Zutaten für ein solches Frühstück habe ich immer vorrätig. Falls einmal eine Frau bei mir übernachtet, wird sie davon so beeindruckt sein, dass sie noch ein zweites Mal kommt.« Dobler war tief beeindruckt von dieser Taktik und verriet mir seinen aktuellen Trick: »Ich habe seit Neuestem mein Bett mit blauer Bettwäsche bezogen. Das suggeriert Treue.«

Ins gleiche Kapitel gehören unsere Anstrengungen in Sachen Aerobic. Ein gemeinsamer Bekannter, Jakob Schönenberger, kannte die schönsten Frauen der Stadt. Dobler und ich fragten uns, wie er das anstellte, bis wir herausfanden, dass er im Fitnesscenter in der Mühle Tiefenbrunnen Aerobic-Stunden gab.
Wir umgarnten Jakob so lange, bis er uns je drei Gratislektionen schenkte.
Schon ein paar Tage später fanden wir uns euphorisch im Fitnessstudio ein und versuchten nach Kräften bei dem schweisstreibenden Hopsen und Hüpfen mitzuhalten. Neben Koni Frei, dem heutigen Mitbesitzer von Kanzlei und Volkshaus, waren wir unter all den topfitten Frauen in ihren hautengen Trikots die einzigen Männer. Offenbar hatte Koni unabhängig von uns den Reiz solcher Aerobic-Stunden entdeckt. Als es darum ging, ein richtiges Abo zu lösen, kamen wir in die Zwickmühle. Einerseits wollten wir nicht aufhören, andererseits war das Kursgeld doch ziemlich teuer. Dobler, nie um eine kostensparende Lösung verlegen, fragte Jakob: »Müssen wir eigentlich auch bezahlen, wenn wir die Übungen nicht im Studio, sondern draussen vor der Fensterscheibe mitmachen?«

OLYMPIADE DER BESTEN FLUCHER

Anlässlich der Sommerolympiade in Seoul 1988 fragte mich DRS3-Moderator François Mürner für eine freie Zusammenarbeit an. Ich sollte regelmässig lustige Beiträge erarbeiten, die während der Berichterstattung über die Olympischen Spiele ausgestrahlt würden. Zusammen mit Andreas Dobler entwickelte ich ein Konzept für eine neue Olympiadisziplin: das Fluchen. Die Hörerinnen und Hörer von DRS3 wurden aufgefordert, ihre besten Fluchkreationen auf Tonband zu sprechen und einzuschicken. Als Fluchexperten fungierten Dobler und ich. Wenige Tage später sassen wir also bei mir am Küchentisch vor einer grossen Schachtel Kassetten und begannen, uns das Gefluche fremder Leute aus der ganzen Schweiz anzuhören. Unglaublich, wie viel und gerne in diesem Land geflucht wird. Tagelang sassen wir da und hörten uns die Flüche in den verschiedensten Dialekten an. Dobler fand, es sei recht erniedrigend, was wir da taten, schliesslich wurden wir den lieben langen Tag angeflucht. Er hatte recht, das war nicht schön, aber ich wusste, dass es kein Zurück mehr gab. Uns blieb nur, die Aufgabe diszipliniert anzupacken. Für die Analyse erarbeiteten wir ein topseriöses System. Wir beurteilten die eingesandten Beiträge nach Originalität der Wortwahl, Intensität der Wirkung, korrekter Aussprache sowie Betonung und Haltung des Interpreten in Bezug auf den Inhalt des Fluches. Das schuf eine gewisse professionelle Distanz, mit der man sich besser anfluchen lassen konnte.

Die von uns am besten bewerteten Flüche wurden dann morgens um halb sieben Uhr auf DRS3 gesendet. Es war dies die grosse Zeit der Radiowecker, alle hatten so ein Ding neben dem Bett. Ist doch viel angenehmer, mit guter Musik geweckt zu werden als mit einem schrillen

Läuten. Als weniger angenehm empfanden es die Hörer mit: »Du huere Dräckhund!« – »Du verdammte Schafseckel!« – »Du tschetschenische Geissefigger!« geweckt zu werden.

Sie wechselten in Scharen den Sender oder die Weckzeit. Manche reklamierten bei den Sendeverantwortlichen. Letzteres taten sie so vehement, dass unsere Sendebeiträge zur Olympiade nach wenigen Tagen eingestellt wurden.

HOHER BESUCH
_____

Von meinen Grosseltern mütterlicherseits sind mir wenig Erinnerungen geblieben.
Meine Grossmutter, eine Hausfrau, die ihren Mann früh verloren hatte, verbrachte ihre letzen Jahre in einem Alters- und Pflegeheim in Rüschlikon. Damals war es Tradition, dass der Gemeindepräsident den ältesten Bewohnern der Gemeinde zu ihren runden Geburtstagen persönlich gratulierte. Dazu reiste der hohe Besuch in Begleitung einer Journalistin an, die Fotos machte und einen kurzen Bericht für das Lokalblatt verfasste. Als meine Grossmutter neunzig Jahre alt wurde, kam die Reihe an sie. Das Treffen mit dem Gemeindepräsidenten und die Erwähnung im Lokalblatt war für die ganze Familie ein unerhörtes Grossereignis. Schon Tage zuvor wurde die entsprechende Festtagsgarderobe herausgeholt und anprobiert, damit man dann auch ja eine Gattung mache.
Besonders nervös war natürlich meine Grossmutter, die ihrem grossen Tag regelrecht entgegenfieberte. Sie konnte es einfach nicht glauben, dass der Herr Gemeindepräsident ihretwegen höchstpersönlich erscheinen würde. Und dass sie erst noch in der Zeitung kam. Vor lauter Aufregung konnte sie nicht einschlafen. Sie wälzte sich unruhig im Bett und veranstaltete dabei einige Aufruhr. Den Pflegeschwestern, die nach ihr schauten, erzählte sie immer wieder von ihrem Geburtstag und dem Gemeindepräsidenten; und davon, was sie anziehen und wie sie sich frisieren wollte; und ob das wohl eine gute Idee sei oder doch lieber das rote Kleid und die Ohrringe? So ging das die ganze Nacht. Irgendwann, es muss so zwischen fünf und sechs Uhr morgens gewesen sein, beschloss eine Nachtschwester, dass nun genug sei und die alte Dame vor allem ihren Schönheitsschlaf brauche, wenn sie an

ihrem grossen Tag gut aussehen wollte. Sie gab ihr ein Schlafmittel. Ein starkes Schlafmittel. Ein bisschen viel von einem starken Schlafmittel.

Gegen zehn Uhr morgens fand sich die ganze Familie geputzt und gestrählt in der etwas steifen Sonntagstracht, in der mir natürlich nicht ganz wohl war, im Zimmer der Grossmutter ein. Wir hatten erwartet, dass auch sie schon herausgeputzt des hohen Besuchs harrte.

Meine Mutter glaubte schon, sich im Zimmer geirrt zu haben, als sie eine Frau im Bett liegen sah, die friedlich schnarchte. Doch es war tatsächlich meine Grossmutter, die tief und fest schlief und sich partout nicht wecken liess. Wir versuchten alles. Wirklich alles. Vergeblich. Der grosse Moment kam, der Gemeindepräsident betrat das Zimmer, drückte allen die Hand, auch der völlig unbeeindruckten und selig schlummernden Grossmutter und hielt seine Rede. Offenbar war er sich Jubilare gewohnt, die nicht mehr ganz mitbekamen, was um sie herum geschah. Die Familie hingegen konnte der Rede vor Wut und Enttäuschung nur halbwegs folgen, obwohl sich alle Mühe gaben, einen aufmerksamen Eindruck zu machen. Durch die halboffene Türe dröhnte die Stimme meines Onkels, der auf dem Gang die Oberschwester zusammenstauchte.«Wo haben Sie denn diese Nachtschwester aufgelesen? So eine dürfte man ja nicht einmal in einem Tierheim beschäftigen.«

Als die Grossmutter am Nachmittag endlich aus ihrem Dämmerzustand erwachte, war sie allein im Zimmer. Auf ihrem Nachttisch stand ein riesiger Blumenstrauss. Sie klingelte nach der Schwester und fragte, wie der in ihr Zimmer gekommen sei. Ob Besuch gekommen sei?

EIN PÖSTLER HAT DURST

Eines Morgens erhielt ich einen Anruf von Radio Energy: »Du Beat, wir planen auf unserem Sender jeden Tag eine Art Adventstörli, hinter dem sich dann ein Geschenk an einen unserer Hörer verbirgt. Was meinst du, könnten wir auch ein Geschenk mit dir machen, bist du dabei?«
Ich fragte die Redakteurin, was sie sich denn vorgestellt habe.
»Naja, das Geschenk könnte darin bestehen, mit dir an einem Nachmittag im Niederdorf einen Kaffee trinken zu gehen.«
»... und dabei einen Tankstellenüberfall zu planen«, ergänzte ich ihren Vorschlag.
»Was ihr dann plant und besprecht, ist uns egal«, meinte sie leicht irritiert.
Ich liess mich breitschlagen, und so wurde eines Morgens mein Törli am Radioadventskalender geöffnet. Der Gewinner war ein Pöstler aus Dübendorf. Wir trafen uns an einem Dienstagnachmittag um 15 Uhr in der Bodega im Niederdorf. Radio Energy schickte eine Praktikantin vorbei, die Aufzeichnungen unseres Treffens machen sollte als Beweis für die Radiohörer. Ich plante für die ganze Geschichte eine Viertelstunde ein. Ich wollte meine Pflicht erfüllen und dann möglichst schnell verschwinden. Der Pöstler bestellte ein Glas Weisswein, die Praktikantin und ich je einen Espresso. Nach einer Viertelstunde sagte die hübsche Praktikantin, sie müsse nun gehen.
»Ich muss auch los,« sagte ich.
Der Pöstler war sichtlich enttäuscht: »Was, das wars schon?«
Sein betrübter Blick berührte mich. Ich fragte die Praktikantin, ob sie nicht noch ein bisschen bleiben und mit dem Pöstler und mir einen Schluck Wein trinken wolle.

»Ich bewerbe mich nächste Woche beim Sender für eine feste Stelle«, sagte sie, »da will ich mir keinen Seich erlauben.«

Dem Pöstler war natürlich nicht entgangen, dass mein Interesse vor allem der schönen Praktikantin gegolten hatte und ich nicht mit ihm allein Wein trinken wollte. Seine Miene wurde noch betrübter, ich verspürte leichte Schuldgefühle. Die Praktikantin hatte ihr Aufnahmegerät eingepackt und war aufgestanden. Bevor sie ging, sagte sie noch: »Ihr beiden könnt doch bleiben und zusammen ein Glas trinken. Alle Getränke gehen auf die Rechnung von Radio Energy.«

Also bestellte ich zwei Glas Weisswein. Kurz darauf rief mein Freund Andres Brütsch an, der mich treffen wollte.

«Ich sitze gerade in der Bodega und kann auf Kosten von Radio Energy trinken«, sagte ich, »komm vorbei.«

Er kam. Wir bestellten noch mehr kühlen Weisswein. Bald klingelte mein Telefon, bald das von Andres. Und allen Anrufern sagten wir dasselbe: »Wir sind in der Bodega am Wein trinken, das Radio bezahlt alles, kommt doch auch.« Je mehr ich trank, desto grosszügiger und hemmungsloser wurde ich mit Einladungen und wartete nicht mehr darauf, bis mich jemand anrief, sondern ergriff selbst die Initiative. Um elf Uhr nachts sassen wir immer noch da, eine gesellige Runde aus Musikern, Schauspielerinnen, Künstlern und Journalistinnen. Wahrscheinlich dachten die spanischen Kellner, es handle sich um den Weihnachtsapéro von Radio Energy.

Irgendwann meinte Andres: »Ich weiss nicht, was du mit dem Radio abgemacht hast. Mein Bauchgefühl sagt mir aber, dass wir nun zu dir oder zu mir dislozieren sollten.« Recht hatte er. Wir gingen alle – der Pöstler war immer noch dabei – zu mir nach Hause. Gegen fünf Uhr morgens löste sich die Party endlich auf. Der Pöstler ging direkt zur Arbeit. Aus dem enttäuschenden Treffen war eine legendäre Sause geworden. Ich erwartete danach ständig einen Anruf von Radio Energy, aber er kam nicht. Ich war erstaunt und ein wenig beunruhigt. Den Namen der Praktikantin hatte ich im Verlauf meines dreitägigen Katers vergessen. Ob sie die Stelle erhalten hatte oder ob sie über unsere Bodega-Rechnung gestolpert war, hab ich nie erfahren.

Vier Monate später wurde ich von Radio Energy zu einem Interview eingeladen. Roman Kilchsberger führte das Gespräch. Ich erwartete, dass er mich auf den Abend in der Bodega ansprechen würde, zumindest am Rand des offiziellen Interviews. Da er aber nichts davon erwähnte, sagte auch ich nichts, ich wollte ja keine schlafenden Hunde wecken.

Als ich gerade gehen wollte, fing mich Roger Spillmann von der Geschäftsleitung ab und drängte mich in die Kaffee-Ecke. »Von der Bodega ist eine Rechnung von 981 Franken eingetroffen«, begann er. Ich schluckte leer. »Spesenrechnungen bis 500 Franken darf ich selber unterschreiben, was darüber ist, muss ich meinem Chef zeigen.«

»Tja, der Pöstler hatte an diesem Nachmittag einen unglaublichen Durst«, versuchte ich mich herauszureden.

Der Chef zeigte sich kulant, und Radio Energy übernahm die gesamte Rechnung. Ich hatte bei ihnen offenbar einen Stein im Brett.

IN ZÜRICH AM CENTRAL
DEN VERKEHR REGELN

Etwas Ähnliches, aber unter umgekehrten Vorzeichen, hatte sich Tele-Züri ausgedacht. Claude Winnet, der stellvertretende Chefredakteur, rief mich an. Der Sender plante eine Sommerserie, in der man Prominenten einen Wunsch erfüllen wollte. Claude fragte mich, ob ich einen speziellen Wunsch hatte. Den hatte ich tatsächlich. »Ich würde gerne einmal während der Rushhour von der Kanzel am Central aus den Strassenverkehr regeln.«

Claude schluckte einmal leer und erklärte, dass er diesen Wunsch wohl nicht ganz so einfach erfüllen könne. Trotzdem wollte er bei der Stadtpolizei anfragen, ob die Möglichkeit bestehe. »Könnte schwierig werden«, meinte er noch.

Doch das Gegenteil war der Fall: Eine Stunde später war alles geregelt. Die Stadtpolizei zeigte sich über mein Interesse für die Tätigkeit eines Verkehrspolizisten hocherfreut und willigte sofort ein. Sie dachten wohl, dass sei gute PR für ihren Berufsstand. Sie nannte nur eine Bedingung, die ich erfüllten musste. Ich durfte den Verkehr nur regeln, wenn ich in ihrem Ausbildungszentrum in Seebach einen Privatkurs belegte und das Handwerk des Verkehrspolizisten erlernte.

So fuhr ich ein paar Tage später nach Seebach, um den sogenannten Winkkurs zu absolvieren. Ich wurde mit weissen Handschuhen ausgestattet, man brachte mir die wichtigsten Arm- und Handbewegungen bei und gab mir eine Menge guter Tipps, wie diese mit Bestimmtheit und Eleganz auszuführen seien. Mein Freund Timmermahn riet mir, es wie die französischen Verkehrspolizisten zu machen, die beim Winken die Brust stolz herausdrücken. Das erfreue vor allem die Herzen der Frauen, versicherte er mir.

Was ich nicht bedacht hatte, war, dass dieses elegant und locker aussehende Winken wahnsinnig anstrengend war. Die Arme müssen immer seitlich ausgestreckt oder gerade nach oben gehalten werden, man darf sie keine Sekunde sinken lassen, um auszuruhen. Schon während des Trainings fielen mir die Arme fast ab.

»Wie steht es denn eigentlich mit der Versicherung, falls ich einen Fehler mache?«, wollte ich wissen.

»Du darfst eben keine Fehler machen«, wurde mir beschieden.

«Warum braucht es am Central überhaupt einen Verkehrspolizisten?«, fragte ich zum Abschluss. Die Antwort kenne ich unterdessen. Das menschliche Gehirn ist der Ampelelektronik weit überlegen, wenn es darum geht, den Verkehr flüssig zu halten. Wenn beispielsweise von der Weinbergstrasse her mehr Autos kommen als vom Hauptbahnhof, erkennt der Mensch dies im Gegensatz zur Lichtsignalanlage sofort und kann entsprechend darauf reagieren. In der Kanzel befindet sich zudem ein wichtiger Knopf, mit dem man die Ampel Richtung Bahnhof regulieren kann. Diese musste ich unbedingt auf Rot stellen, wenn ich die von der Walche herkommenden Autofahrer durchwinken wollte. Ansonsten riskierte ich eine Karambolage. Die Kanzel ist sogar mit einer Bodenheizung ausgestattet, damit die Polizisten im Winter keine kalten Füsse bekommen.

An einem schönen Sommertag übernahm ich also tatsächlich eine halbe Stunde lang die Verantwortung für den Verkehr am Central. Selten habe ich bei einer Arbeit so geschwitzt. Ich musste mich voll auf die Aufgabe konzentrieren. Jeder Fehler hätte fatale Folgen gehabt. So musste ich Leute, die mich erkannten und »Hey Schlatter, was machst du denn da?« riefen, einfach ignorieren und durfte – um einen Blechschaden zu verhindern – auf keinen Fall zurückgrüssen.

DER BELEIBTE BRUDER

Mit der Pressearbeit ist es so eine Sache. Als Künstler ist man darauf angewiesen, dass die Medien über einen berichten, aber manchmal treibt diese Berichterstattung auch seltsame Blüten. Kurz bevor wir mit dem Theaterstück *Der beliebte Bruder* auf Tournee gehen sollten, rief mich Nathalie, eine Lokalredakteurin von Radio Energy in Zürich, an: »Hallo Beat, hast du zwei Minuten Zeit für ein Interview?«
»Ja klar«, sagte ich.
»Ist Patrick auch da, damit ihr gemeinsam antworten könnt?«
Ich seufzte innerlich. »Nein, Patrick ist nicht hier. Wir wohnen im richtigen Leben nicht zusammen«, erklärte ich geduldig.
»Ja, wo könnte er denn sein?«, fragte sie unbeirrt weiter.
»Ich habe keine Ahnung«, musste ich zugeben.
Nun muss man wissen, dass von einer vierminütigen Gesprächsaufzeichnung in der Regel höchstens dreissig Sekunden, vielleicht aber auch nur fünfzehn, über den Sender gehen. Die Radiojournalistin aber schien für diese dreissig Sekunden keinen Aufwand zu scheuen. Sie schlug vor, Patrick auf seinem Mobiltelefon anzurufen und mittels einer Konferenzschaltung unsere Antworten gleichzeitig aufzuzeichnen. Ich gab ihr Patricks Mobilenummer.
Einige Minuten später rief sie zurück. Sie hatte Patrick tatsächlich erreicht. Er sass mit seinen vier Kindern im Auto und fuhr gerade von der Verladestation am Vereinatunnel weg. Bevor das Gespräch losgehen konnte, wurden wir von Nathalie instruiert: »Also, ich muss euch noch sagen, dass das Gespräch morgen in unserer Frühshow ausgestrahlt wird. Es soll so tönen, als wären wir live auf Sendung. Könnt ihr so tun, als wäre es Dienstagmorgen?« – »Ach, und noch etwas, ich

mache das Interview für eine Kollegin, ich heisse also nicht Nathalie, sondern Kathrin. Alles klar?«

»Alles klar.«

Nathalie, äh Kathrin, begann das Interiew: »Guten Morgen, Beat, hallo Patrick. Es ist noch früh, steht ihr immer so früh auf oder habt ihr Mühe, am Morgen aufzustehen?«

Beat: »Guten Morgen, Kathrin. Tja, ich habe mir gerade einen Kaffee gemacht, das hilft mir, wach zu werden.«

Kathrin: »Patrick, ich höre da richtig, sind das bei dir im Hintergrund Kinder?«

Patrick: »Ja, Kathrin, du hörst richtig, ich bin im Auto und fahre gerade meine Kinder zur Schule. Sie haben Frühschicht.«

Kathrin: »Ihr startet morgen mit eurem neuen Stück *Der beleibte Bruder* und ...«

Beat: »Es heisst: *Der beliebte Bruder*.«

Kathrin: »Oh sorry, das habe ich jetzt immer falsch gelesen, das schneiden wir dann raus. Also, um was geht es in dem Stück?«

...

Einer von uns hat dann versucht, in den verbleibenden zehn Sekunden den Inhalt des Stückes zu beschreiben. Glauben Sie also nicht alles, was Sie am Radio hören. Vor allem, wenn morgens um sieben gutgelaunte und ausgeschlafene Schauspieler Auskunft geben.

DER TAMILE AUF MEINEM SOFA

Ende der 1980er-Jahre zog ich mit zwölf Franken im Sack von meinem Kellerzimmer in eine kleine Dachwohnung am Paradeplatz. Nicht schlecht, dachte ich, keinen Job, kein Geld, aber dort wohnen, wo nicht nur im Monopoly die Bodenpreise am höchsten sind. Luxuriös war die Wohnung natürlich nicht. Um sie zu erreichen, musste ich mit dem Warenlift in den obersten Stock hinauffahren.
Damals hatte ich noch keine Ahnung, wie ich meinen Lebensunterhalt bestreiten sollte. Ich schlug mich als Musiker durch, wobei die Gage oft flüssig ausbezahlt wurde, und hatte für Bühnenprogramme und Filmprojekte zu schreiben begonnen. »Wenn man gegen den Hunger anschreiben muss, hat man die besten Ideen«, sagte ich mir.
Doch Hunger würde ich keinen leiden müssen, wie sich bald herausstellte. Unten im Haus befindet sich auch heute noch das Restaurant Zeughauskeller, ein traditionelles Restaurant mit Schweizer Küche, in dem Touristen aus aller Welt und Angestellte aus den umliegenden Grossbanken zusammen am Tisch sitzen. Für die Angestellten des Restaurants gab es um elf Uhr mittags und um fünf Uhr nachmittags eine warme Mahlzeit. Es dauerte nicht lange, und ich durfte mich zu den Angestellten setzen. Die beiden Wirte, Kurt Andrea und Willi Hammer, mochten mich und hatten Erbarmen mit einem jungen, brotlosen Künstler. Acht Jahre lang haben sie mich letztlich durchgefüttert. Ich möchte ihnen an dieser Stelle für ihre Grosszügigkeit danken.
Um elf Uhr war ich meist noch nicht lange wach und gewöhnte mich daran, traditionelle Mittagsgerichte wie Zürcher Geschnetzeltes oder Cordon bleu zum Frühstück zu essen.

Der Hauseingang war gleichzeitig der Lieferanteneingang zum Restaurant. Zum Restaurant gehörte auch eine grosse Personalwohnung, die direkt neben meiner lag und in der acht Tamilen wohnten. In jener Zeit waren viele Tamilen in die Schweiz gekommen, die meisten als Flüchtlinge. Ihr Ruf war zuerst nicht der beste, heute hingegen gelten die Tamilen als Traumasylanten. Aber damals berichtete der *Blick* noch von den »Heroin-Tamilen«. Als sich die Situation in Sri Lanka ein wenig beruhigt hatte, lief für viele die Aufenthaltsgenehmigung ab und sie mussten in ihr Land zurückkehren.

In der Personalwohnung teilten sich jeweils zwei Männer ein Zimmer. Weil ich oft mit ihnen ass, lernte ich sie besser kennen. Mit einem Mann namens Nissanga Singapura freundete ich mich an. Ich nahm ihn manchmal in eine Vorstellung oder in den Ausgang mit. Nissanga erzählte mir von der problematischen politischen Situation in Sri Lanka und dass er gerne in der Schweiz bleiben würde. Deshalb suchte er, wie viele Tamilen, eine Schweizerin, die ihn heiraten wollte. Es war die einfachste Möglichkeit, um an den begehrten Ausweis C, die permanente Niederlassungsbewilligung, zu kommen.

Am einfachsten wäre es natürlich gewesen, eine Schweizer Freundin zu finden und diese dann zu heiraten. Doch Tamilen standen bei Schweizer Frauen nicht sonderlich hoch im Kurs. Den meisten blieb nur die Möglichkeit, eine Frau zu finden, die gegen Bezahlung bereit war, eine Scheinheirat einzugehen. Die Tamilen hatten untereinander einen Maximalbetrag von 10 000 Franken festgelegt und kannten die Orte, an denen Frauen, die solche illegalen Bündnisse eingingen, verkehrten.

Eines Abends zeigte mir Nissanga stolz sein Sparbüchlein: 11 500 Franken hatte er sich zusammengespart! Dafür hatte er lange in der Küche geschuftet. Nun wollte er sich auf die Suche nach einer Schweizerin machen, die sich für 10 000 Franken heiraten liess. Ich war entsetzt.

10 000 Franken waren damals für mich ein mittleres Vermögen. Also sagte ich zu Nissanga: »Behalte das Geld oder schick es nach Hause. Ich kenne viele Frauen, und ich finde für dich sicher eine, die das gratis macht.«

Doch ich hatte mich getäuscht. Keine Frau, die ich kannte, wollte einen Tamilen heiraten. Ich kannte nicht wenige Frauen. Ich rief sie alle an. Jede einzelne erteilte mir eine Absage. Meine Verzweiflung wuchs, ich rief Frauen an, die ich jahrelang nicht mehr gesehen hatte, alte Schulkolleginnen, Ex-Freundinnen von Bekannten, die ich vielleicht einmal auf einer Party getroffen hatte. Zuletzt fragte ich sogar die Frau vom Kiosk und die Kassiererin in meiner Migros, mit denen ich jeweils ein paar Worte wechselte.

Einzig Bettina war bereit, sich mit Nissanga wenigsten kurz zu treffen. Sie war Sozialarbeiterin und gab den Junkies am Platzspitz saubere Spritzen ab. Ich war bei ihrem Treffen dabei. Es wurde schnell klar, dass sich die beiden nicht mochten.

Bettina bin ich später noch zwei, drei Mal in alternativen Lesbenkreisen begegnet. (Was ich dort verloren hatte, ist eine andere Geschichte.) Über Nissanga verloren wir kein Wort mehr.

Ich hatte zu viel versprochen. Die Aufenthaltsbewilligung von Nissanga lief aus. Eine Frau hatte er nicht gefunden, nach Sri Lanka zurück wollte er nicht, aber im Zeughauskeller durfte er ohne Aufenthalts- und Arbeitsbewilligung auch nicht mehr arbeiten. Er tauchte ab, und ich hörte lange Zeit nichts mehr von ihm. Zwei Jahre später rief mich Nissanga aus Genf an und sagte, dass er nach Zürich komme. Drei Nächte schlief er auf meinem Sofa, dann verschwand er wieder und ich habe nie mehr etwas von ihm gehört.

Jahre später erzählte ich diese Episode einer Journalistin, die mich in einem ganz anderen Zusammenhang interviewte. Über ihren Artikel setzte sie die fette Schlagzeile: »Beat Schlatter versteckt Tamilen!«

EINE ROLLE ZUM KOTZEN

Mit Viktor Giacobbo zusammen schrieb ich 1990 die kabarettistische Komödie *Kunst und Schinken*. Mit der Basler Schauspielerin Charlotte Heinimann gingen wir mit dem Stück auf Schweizer Tournee und für eine Fernsehaufzeichnung sogar nach Berlin.

In *Kunst und Schinken* betreibt Viktor Giacobbo als Manager eine armselige Künstleragentur, die nur einen einzigen Künstler im Programm hat, den drittklassigen Alleinunterhalter Sony Hansen, den ich spielte. Charlotte Heinimann gab die Freundin des Managers, die einen Secondhandladen besitzt und in ihrer Freizeit passioniert Brecht-Lieder singt. Mit den Einnahmen aus dem Laden füttert sie ihren Freund, den Künstleragenten, durch und setzt ihn dafür unter Druck, ihr endlich einen Auftritt zu verschaffen. Weil der Manager Angst hat, verlassen und brotlos zu werden, hält er ihr kurzerhand einen Auftritt zu, der eigentlich für den Alleinunterhalter bestimmt gewesen wäre. Als Sony davon erfährt, kommt es zum Streit. Schliesslich einigt man sich auf einen gemeinsamen Auftritt. Sony, der normalerweise in Shoppingcentern und an Hochzeitsfesten angegraute Evergreens zum Besten gibt, soll den Auftakt zu einem Brecht-Abend machen. Geprobt wird im Büro des Managers, in dem auch das ganze Stück spielte. Darin steht ein Schrank, in dem Sony seine Bühnenkostüme und Unterhaltungsrequisiten aufbewahrt. Darunter auch einige Feuerwerkskörper. In einer Szene musste ich im offenen Schrank mit einem Streichholz Rauchpulver anzünden. Es war wichtig, dass der Rauch auf ein bestimmtes Stichwort hin entfacht wurde und anschliessend Viktor, der einige Meter vom Schrank entfernt am Schreibtisch sass, einnebelte. Das war Präzisionsarbeit, und nicht immer klappte alles nach Wunsch.

Mal brach das Zündhölzchen ab, ein anderes Mal war das Rauchpulver feucht, weil der Tourbus die Nacht über im Freien gestanden hatte. Es gelang mir tatsächlich nur selten, den Rauch so zu erzeugen, dass er genau auf die Pointe aus dem Schrank drang. Es gab ständig Krach deswegen.

Als wir in Zürich gastierten, hatten wir das Stück schon mehrmals gespielt, und ich fühlte mich sicher in meiner Rolle. So ass ich vor der Vorstellung ein Cordon bleu und einen Randensalat. Dazu einen Dreier Rioja. Eine gute Stunde später stand ich auf der Bühne vor dem Schrank und entzündete das Rauchpulver. Vielleicht hatte ich aus Übereifer das Pulver zu früh angezündet, oder der Bühnentechniker hatte besonders grosszügig geladen. Der Rauch qualmte viel zu früh und mit ungewohnter Intensität aus dem Schrank. Es erinnerte mich an meinen unglückseligen ersten Auftritt als Rockmusiker und ich befürchtete schon, dass wie damals bald der ganze Saal evakuiert werden musste. Also versuchte ich mit vollem Körpereinsatz, den Rauch in den Schrank zurückzudrängen und dort einzusperren. Dabei drang mir der Rauch in Mund und Nase. Innert weniger Sekunden war mir speiübel und alles drehte sich. Es gab kein Halten mehr und das Cordon bleu, der Randensalat und das Dreierli verabschiedeten sich, ohne Adieu zu sagen, aus meinem Magen. Ich kotzte alles auf den blauen Teppich des Bühnenbüros, was der ganzen Sache auch farblich eine scheussliche Note verlieh. An diesem Abend war es in der ersten Reihe ziemlich ungemütlich.

Ich war benommen, mir war immer noch übel, und auf der Bühne stank es fürchterlich. Trotz allem kämpfte ich mich bis zum bitteren Ende durch meine Rolle. Nicht ganz einfach, denn in meinem Hals klebten noch die letzten Menüreste.

Nach der Vorstellung kamen dann einige Zuschauer zu mir und fragten, was denn mit mir los gewesen sei.

»Gar nichts«, sagte ich. »Das mache ich jeden Abend!«

DUZIS MIT DEM BUNDESRAT ODER WIE AUS EINER DRITTEN SÄULE EINE STANGE WURDE

An Schwingfesten ist es üblich, dass sich alle Du sagen. Alle. Ohne Ausnahme. Auch Bundesräte. Darum bin ich mit Bundesrat Ueli Maurer per Du. Ich habe ihn am Schwägalpschwinget kennengelernt. Für den Film *Hoselupf* schloss ich an diesem Anlass vor laufender Kamera mit Bundesrat Ueli Maurer die Wette ab, dass Christian Stucki am Eidgenössischen Schwing- und Älperfest in Frauenfeld 2010 Schwingerkönig werde. Ich glaubte felsenfest an Stucki, mit dem ich mich während der Dreharbeiten befreundet hatte, und setzte kurzerhand meine dritte Säule auf ihn. Ich fragte den Bundesrat, welchen Wetteinsatz er bot. Weil ich wusste, dass man einem ausgefuchsten Politiker keine lange Bedenkzeit einräumen durfte, schlug ich kurzerhand vor, dass er im Fall von Stuckis Sieg die Fenster in meiner Wohnung putzen sollte. Ueli Mauer musste lachen. Dieses Lachen hätten wir leicht als zustimmendes Nicken in den Film hineinschneiden können. Doch This Lüscher, der Regisseur, fand, dass solche Tricks in einem Film über das Schwingen, wo es äusserst fair zu und her geht, nichts verloren hatten. Trotzdem: Die Vorstellung, wie Ueli Maurer meine ziemlich dreckigen Fenster putzt, bereitete mir spitzbübische Freude. Natürlich würde ich all meine Nachbarn anrufen: »Schaut mal aus euren Fenstern. Kennt ihr den Mann mit dem Hirschleder in der Hand? Der kommt ab heute einmal in der Woche. Von nun an habe ich die saubersten Fenster in ganz Zürich.«

Damit dem auch so wäre, hätte ich streng sein müssen: »Schau mal Ueli, oben rechts hat es noch Striemen, und, gell, pass auf, dass es nicht auf den Boden tropft!«

Doch meine Fenster sind immer noch dreckig. Chrigel Stucki wurde in Frauenfeld souveräner Dritter. Ich hatte die Wette verloren. Der Film *Hoselupf* lief erfolgreich in den Kinos, und so wussten alle, die den Film sahen, dass ich meine dritte Säule an Ueli Maurer verwettet hatte. Ich wartete besorgt darauf, dass Ueli Maurer sich bei mir meldete und die Wettschuld einforderte. Er meldete sich zwar nicht, aber es war klar, dass wir uns früher oder später wieder begegnen würden, und spätestens dann konnte ich mich nicht mehr um die Bezahlung der Wette drücken.

Es dauerte nicht allzu lange, bis wir uns trafen. Es war erneut an einem Schwinget, am Unspunnenfest in Interlaken, der Revanche für das Eidgenössische. Ich suchte meinen reservierten Platz auf der Tribüne auf und stellte fest, dass er sich genau neben jenem von Bundesrat Ueli Maurer befand. Wir begrüssten uns mit Vornamen, waren wir doch seit der Schwägalp per Du. »Ueli«, sagte ich, »seit dem Eidgenössischen sitze ich auf Nadeln und frage mich, wann du meine Schulden einforderst. Viel ist es nicht, aber für eine Woche Ferien in Gran Canaria mit deiner Familie reicht es wahrscheinlich schon.«

»Beat, du weisst, dass ich eine grosse Familie habe«, entgegnete Ueli. »Aber wovon redest du eigentlich?« Er hatte den Film noch nicht gesehen und die Wette vergessen. Das Schwingen begann, und wir konzentrierten uns auf das Kampfgeschehen. Am nächsten Tag schickte ich ihm, wie vereinbart, eine DVD des *Hosenlupfs* ins Bundeshaus. Er sah sich den Film an und bedankte sich mit einem handgeschriebenen Brief für die DVD und für die sorgfältige Darstellung dieser Sportart. Meine Wettschulden seien für ihn bei der nächsten Begegnung mit einem Bier geregelt, fügte er hinzu.

So wurde aus meiner dritten Säule eine Stange.

Trotzdem bin ich mit Wetteinsätzen nicht vorsichtiger geworden.

SCHMUSENDE POLIZISTEN

Filme kosten Geld. Viel Geld. Es ist gerade für junge Regisseure und Produzenten nicht einfach, es aufzutreiben. Darum gibt es immer wieder junge Wilde, die ihren Film drehen, auch wenn er noch nicht ausfinanziert ist. Das heisst dann, dass alles möglichst günstig produziert werden muss, und das bedeutet für alle Beteiligten erschwerte Bedingungen. Auch für die Schauspieler.

Exklusiv von Florian Froschmayer war so ein Film. Ich hatte mich bereit erklärt mitzumachen und konnte den Regisseur nicht hängen lassen. Ich spielte einen Kommissar, der den Fundort einer Leiche besichtigt. Wir drehten in einer Winternacht in einem Wald in der Nähe von Zürich. Aufgrund des kleinen Produktionsbudgets standen am Drehort natürlich keine Wohnmobile, in denen man sich hätte aufwärmen können. Die Schauspieler und die ganze Crew froren jämmerlich, der Dreh dauerte die ganze eiskalte Nacht. Die meisten wurden nachher krank.

Weil aber der Drehplan eingehalten werden musste, konnte sich niemand, der nicht lebensbedrohliche Symptome zeigte, krank melden. Schon gar nicht die Schauspieler. Sie mussten auch mit hohem Fieber vor die Kamera treten. Dabei ist einem als Schauspieler stets bewusst, dass die Kinozuschauer ihn in Topform sehen wollen und sich nicht für allfällige Fieberschübe während des Drehs interessieren.

Dem Regisseur Florian Froschmayer war es gelungen, die Kantonspolizei Zürich für eine Zusammenarbeit zu gewinnen. Sie stellten echte Polizisten, Uniformen und Polizeiautos zur Verfügung. Eine solche Unterstützung ist von unschätzbarem Wert und inzwischen ziemlich rar geworden. Da Polizisten in Filmen oft schlecht dargestellt werden, fragten sie sich irgendwann, warum sie überhaupt mit Personal und Material aushalfen. Ich habe schon von einer Produktion gehört, die der Medienabteilung der Polizei ein frisiertes Drehbuch vorlegte, in der die Polizei besser dastand als nachher im Film. Wohl darum stand bei einem anderen Film eine Polizeiangestellte mit dem Drehbuch in der Hand diskret neben uns Schauspielern, um sicherzugehen, dass wir auch tatsächlich den von der Polizei genehmigten Text verwendeten. Uniformen selbst zu nähen oder zivile Fahrzeuge in Polizeiautos umzuspritzen, ist gesetzlich verboten. Die Verhandlungen mit der Polizei sind aus diesem Grund und je nach Inhalt des Films sehr aufwendig und schwierig. Oft werden Polizeiuniformen aus anderen Kantonen ausgeliehen. Die Kostümbildnerinnen erwähnen diesbezüglich oft den Kanton Aargau mit lobenden Worten.

Nun aber zurück in die kalte Winternacht. Während einer der langen Wartepausen, in denen das Licht, die Setrequisiten und die Maske vorbereitet wurden, beobachtete ich, wie in einiger Entfernung hinter einer Eiche ein Polizist und eine Polizistin – in voller Uniform – miteinander schmusten. Ich stand diskret ein wenig abseits, bis sie sich aus ihrer Umarmung lösten. Dann begannen wir locker zu plaudern. Sie erzählten mir, dass sie frisch verliebt seien und sich auf der Streife kennengelernt hatten. Als Paar durften sie aber laut Vorschrift nicht mehr zusammen auf Streife gehen. Deshalb hatten sie sich nun für den Einsatz als Statisten gemeldet, um während der Arbeit zusammen sein zu können. Die beiden waren mir sympathisch, und so erzählte ich ihnen in dieser frostigen Nacht unter anderem, wo ich wohnte. Aber das wussten sie schon, denn sie hatten mich bei ihren Rundgängen in der Altstadt schon oft dort ein- und ausgehen sehen. Spontan lud ich sie ein, beim nächsten Rundgang zu klingeln und auf einen heissen Kaffee einzukehren.

Erfreut versprachen sie, der Einladung zu folgen.

Einige Wochen später an einem Samstagvormittag – die Dreharbeiten waren unterdessen beendet und die nächtliche Begegnung mit dem Polizistenpärchen war mir nicht mehr so präsent – klingelte es an meiner Haustüre. Da ich an exponierter Lage wohnte, öffnete ich die Tür nur, wenn ich jemanden erwartete. An diesem Samstagmorgen erwartete ich niemanden. Da es aber nicht bloss einmal, sondern richtiggehend Sturm läutete, vermutete Elvira, meine damalige Freundin, dass eine eifersüchtige Nebenbuhlerin vor der Tür stand. Von Neugier gepackt drängte sie mich, nachschauen zu gehen. In meinem Haus gab es noch keinen automatischen Türöffner, darum musste ich einen Stock hinuntergehen, um zu sehen, wer da war. Es stand keine verschmähte Geliebte draussen, sondern zwei Polizisten. Der eine war derjenige, der zur nächtlichen Stunde im Wald seine Freundin geküsst hatte. Nun war er mit einem Kollegen gekommen, um meine Einladung zum Kaffee anzunehmen. Sie waren auf Patrouille, beide in Uniform.

Da sie schon lange geklingelt und zu meinen Fenstern hinaufgeschaut hatten, war die ganze Nachbarschaft aufmerksam geworden und stand an den Fenstern oder Türen. Sie wollten wissen, wer da von der Polizei gesucht wurde. Und nun beobachteten alle, dass ich die beiden Polizisten ins Haus bat.

Noch Wochen später wurde ich im Quartier darauf angesprochen: »Hey Schlatter, häsch en Seich gmacht, wieso isch d'Schmier cho?« Natürlich wollte niemand glauben, dass es sich um einen freundschaftlichen Kaffeeplausch gehandelt hatte.

Qualitätskontrolle von Lautsprecherboxen für das Konsumentenmagazin *Kassensturz*, 1994.

Hiermit:
bestätige ich
(Hofer Polo)
von Bern
dass Herr Schlatter
von mir behindert
wurde am abge-
machten Termin zu
erscheinen.
Beglaubigt:
hofer 3.12.92
"Helvti"

Autogrammkarte Lüthi und Blanc, 2006.

Strassenwischer Willi feiert Silvester in *Lüthi und Blanc*, 2001.

Missglückte Konzeptidee (Beat Schlatter und Piri Egger) »Wie versteckt man sich erfolgreich vor anfallenden Haushaltsarbeiten?« für die Fairplay-at-home-Kampagne des Eidgenössischen Büros für die Gleichstellung von Frau und Mann, 2002.

Gescheiterter Versuch, mit Nachbars Katze für das Titelbild vom Magazin *Katzen* zu posieren, 2008.

Internetsketch »Welche Krankheit hat der Studiogast?« im Auftrag von Sympany, 2008.

Pressebild Schweizer Fernsehen, 1992.

Auftragsarbeit für die Zügelkampagne von Jumbo, 2010.

Nashorn-Hörner sind auf dem Schwarzmarkt sehr begehrt.

Wer gewinnt?

Wie viele Bananen isst ein Affe an einem Tag?

Auftragsarbeit für Zoo Zürich, Erlebnisrundgang, 2009.

Findet das Kamel mit Hilfe der Karte den Weg aus der Wüste?

Wie viele Liter uriniert ein Elefant pro Tag?

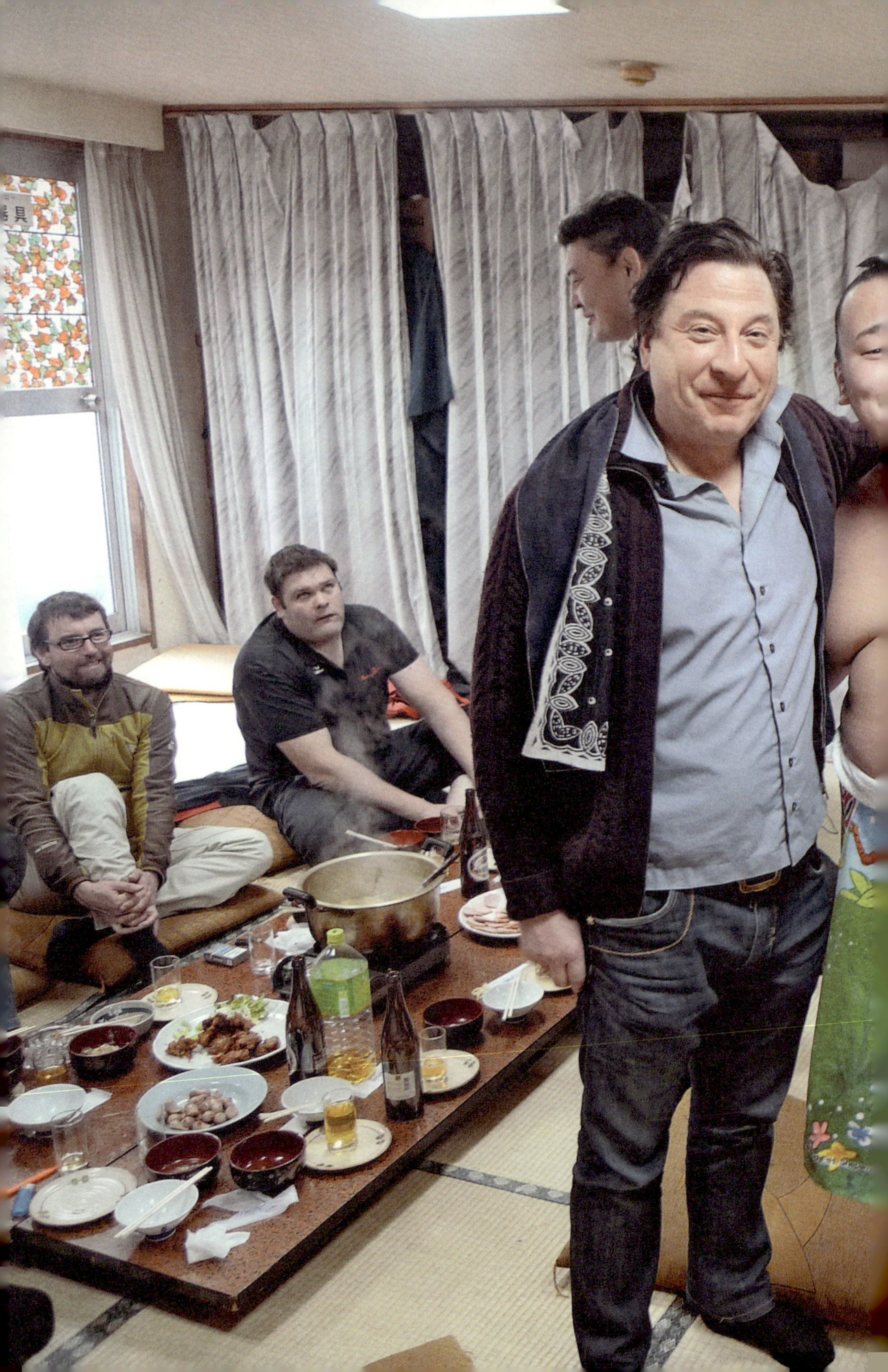

Beat Schlatter mit Sumo-Ringern, Mittagspause in Tokio, 2010.

erdwin
D'Wünschdir alles-Bohne
Beat Schlatter
TONI
und s'chline Velo
Beat Schlatter
LEIDER NEINS FEAT. BEAT SCHLATTER
JETZT HASCH DE DRÄCK
COPY CONTROLLED
Markus Roost
Beat Schlatter
erdwin
der Nacktmaulwurf
CHINDER WALT
KABARETT
GÖTTERSPASS
Für Susi
DAS OFFIZIELLE FESTPR
LIVE
KABARE
GÖTTERSP
BRILLANT! WELTWOCHE
FASZINIEREND! TVTÄGLICH
90 MINUTEN INFORMATION, TRADITION UND SPASS!
EIN FILM VON THIS LÜSCHER
MIT BEAT SCHLATTER
Hoselupf
ODER WIE MAN EIN BÖSER WIRD
DVD
BADOUX · BRANDLI · SCHLA
BUPO SCH
OPERAT
"ROTER Z
edition mode
Stöck Wyys Stich
Gold
DER SCHIEBER MIT
Die Schweizer Sommerkomödie des Jahres!
Oriana Schrage
Marie Leuenberger
Dominique Jann
Die Standes-beamtin.
Drei sind eine zuviel.
Mit Beat Schlatter und Jörg Schneider
Ein Film von Micha Lewinsky
JACK STOIKER
VORSICHT!
HÄLLWACH
BEAT SCHLATTER PRÄSENTIERT
Witzparade!
ERZÄHLT VON 55 PERSÖNLICHKEITEN
VON PEDICÜRLI BIS RUMBALOTTE
BEAT SCHLATTER PRÄSENTIERT
Witzparade!
ERZÄHLT VON 42 PERSÖNLICHKEITEN
BEAT SCHLATTER PRÄSENTIERT
Witzparade!
ERZÄHLT VON 50 PERSÖNLICHKEITEN
VON HOCKEYHIRNI BIS WINTERPNEU

Filme, Tonträger, Bücher etc. 1989–2011.

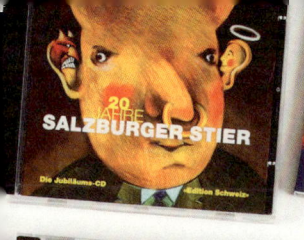

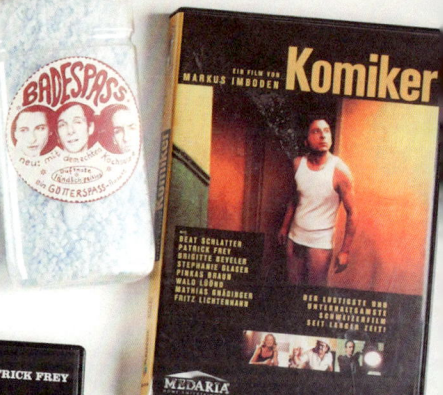

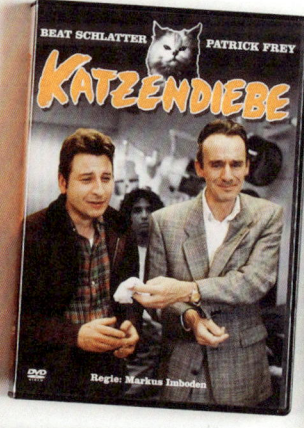

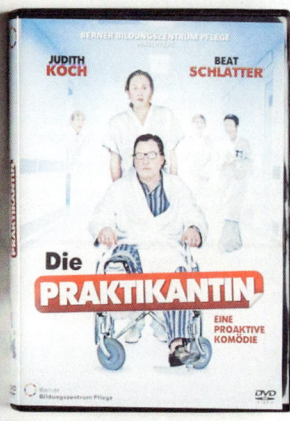

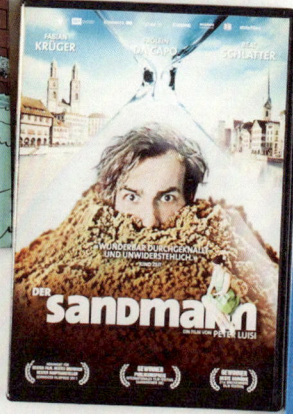

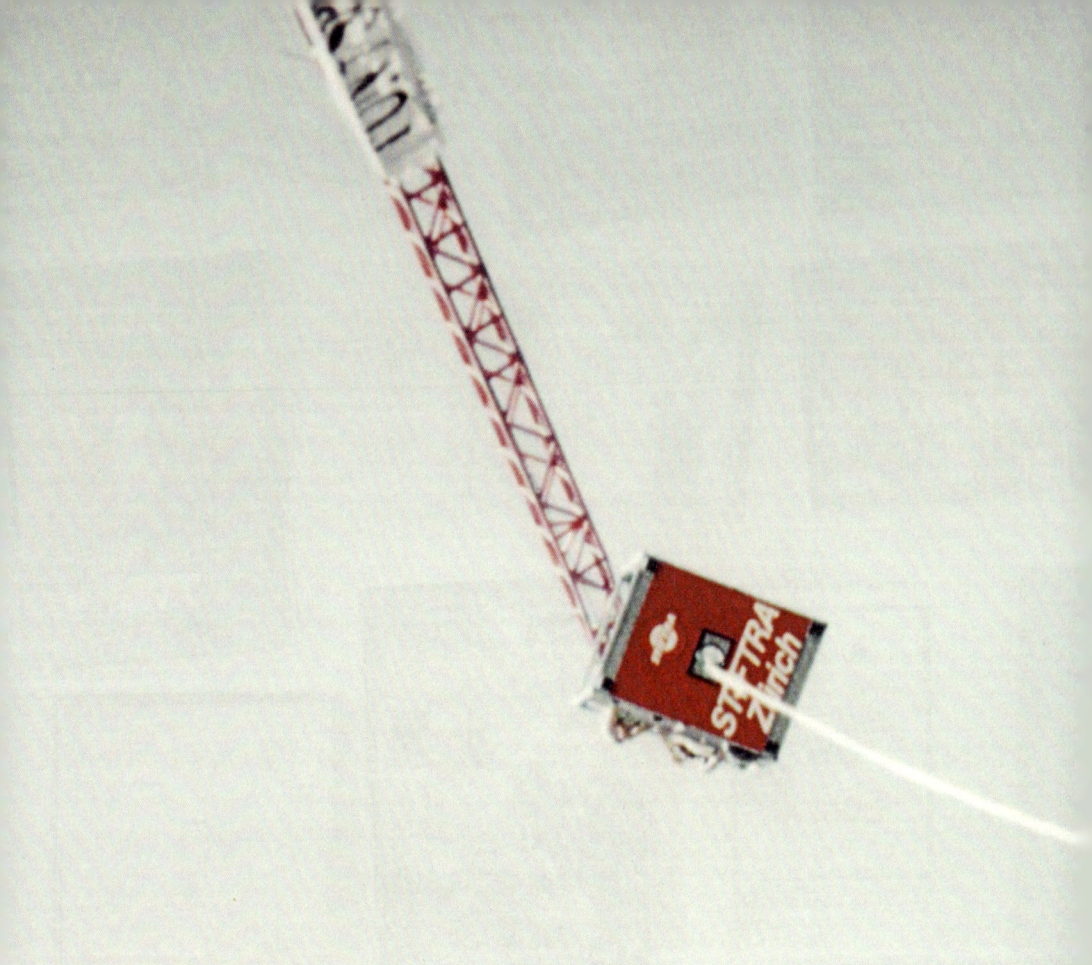

Beat Schlatter, Zürich, 1994.

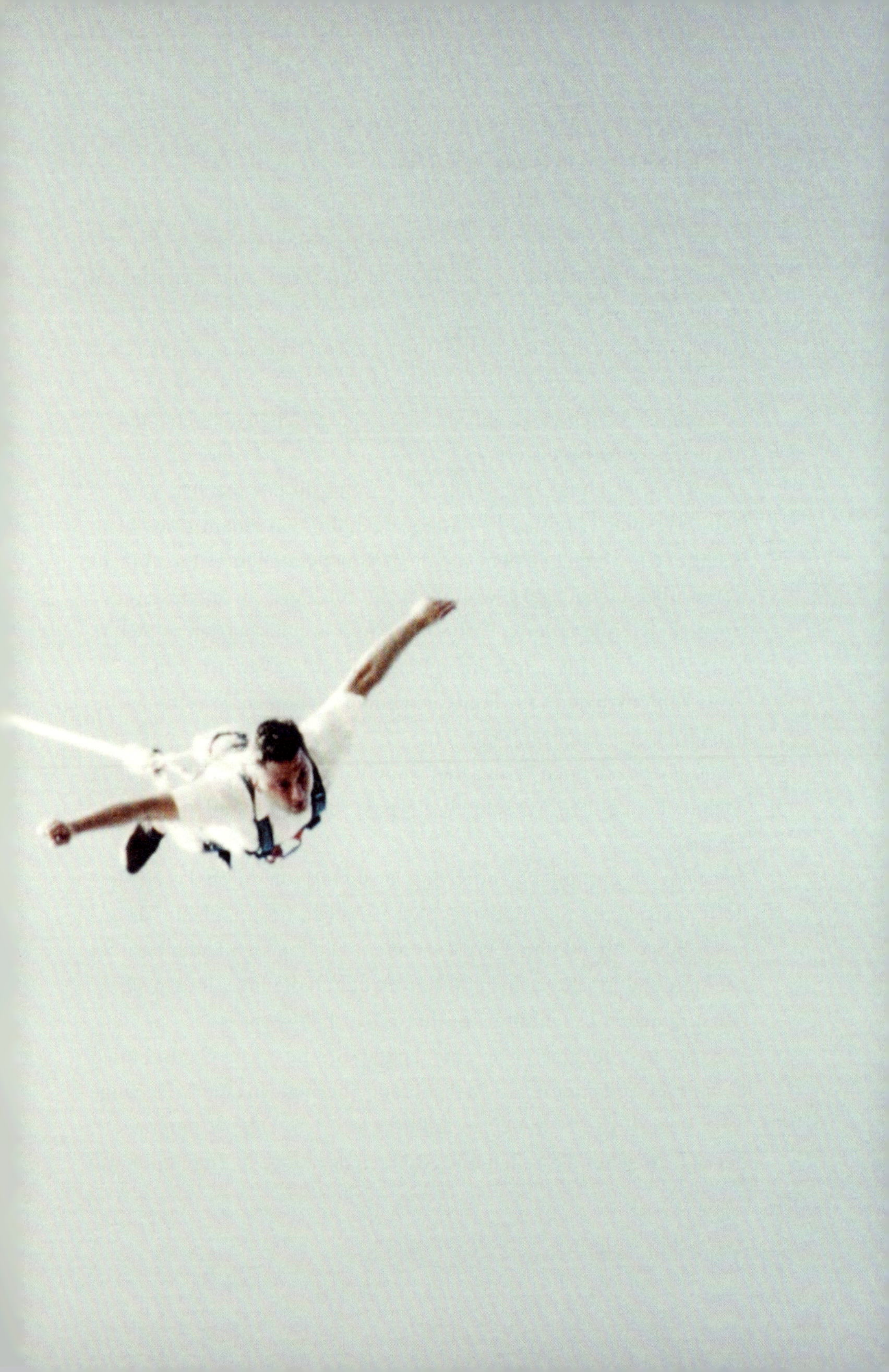

KANNST DU AM SAMSTAG EIN BINGO MODERIEREN?

Diese schicksalhafte Frage stellte mir Michael Steiner eines Tages am Telefon. Wir waren zusammen schon einige Nächte um die Häuser gezogen. Doch an einem Bingo-Abend war ich noch nie und hatte daher nur vage Vorstellungen, wie so etwas funktionierte.

»Du meinst, ob ich einen ganzen Abend lang Zahlen ablesen kann?«, fragte ich wenig begeistert.

»Ich weiss, es klingt langweilig, aber wenn du das machst, wird es Kult«, versprach Steiner. Er hatte mitgeholfen, in einem Haus beim Bahnhof Giesshübel, in dem vor allem Künstlerateliers untergebracht waren, aber auch illegal gewohnt wurde, eine Party zu organisieren.

Um nicht wie alle anderen Partys nur Musik und Barbetrieb zu bieten, hatte Steiner die Idee, dort einen Bingo-Abend zu veranstalten.

»Was kann man denn für Preise gewinnen? Schinken, Waschmaschinen und Goldvreneli?«, fragte ich.

»Preise habe ich noch keine, aber wenn wir uns treffen und ein wenig nachdenken, haben wir schnell ein paar Ideen zusammen«, meinte Michael.

So trafen wir uns am folgenden Tag. Er schlug vor, durch das Niederdorf zu spazieren und in den coolen Läden zu fragen, ob sie für unseren Bingo-Abend einen Preis stifteten. Die meisten Ladenbesitzer kannten und mochten uns und unterstützten die Idee, indem sie einen originellen Ladenhüter aus ihrem Geschäft spendeten.

Von *Booster* bekamen wir eine Lederpeitsche, vom Goldschmied *Comme les Millionaires* ein Paar goldene Eheringe. In einem der Ringe war »Roger«, der Name eines Kellners aus dem Odeon, eingraviert, der sich zwischen Bestellen und Abholen der Ringe in Thailand hatte zur Frau umbauen lassen und nun Yvonne hiess. Er konnte die Ringe nicht mehr wirklich brauchen. Von Nathalie, die eine kleine Kleiderboutique in der Spitalgasse führte, bekamen wir ein junges Krokodil. Das Krokodil hatten sie und ihr Freund illegal in die Schweiz geschmuggelt, und langsam wurde es in seinem Terrarium beängstigend gross. Von meinem Nachbarn, dem Pornoproduzenten Peter Preissle, bekamen wir einen einschlägigen Film mit dazugehöriger Rubbelkarte. Die Sache war die: Im Film waren an einigen Stellen am Bildrand Nummern zu erkennen. Auf der beigelegten Rubbelkarte konnte man das entsprechende Feld wegrubbeln und mit der Nase den zur Filmszene passenden Duft riechen: Wenn sich eine Frau die Scham rasierte, war Rasierschaum zu riechen. Wenn ... nun ja, das kann sich jeder selbst ausmalen.

Der Bingo-Abend fiel auf den Gründonnerstag und wurde zu einem grossen Erfolg. Das Publikum fand mächtig Gefallen am Spiel und vor allem an unseren Preisen und den dazugehörigen Geschichten. Doch damals herrschten in Zürich immer noch der Geist und die Gesetze Zwinglis, die besagten, dass vor einem kirchlichen Feiertag öffentliche Veranstaltungen nur bis Mitternacht andauern durften. Wir hatten keinen Eintritt verlangt und hofften, mit dem Barbetrieb unsere Umkosten zu decken. Also waren wir erfreut, dass nach dem Bingo noch viele Leute im Saal blieben, zur Musik des eigens engagierten DJs tanzten und die eine oder andere Erfrischung zu sich nahmen. Das Areal befand sich in der Gewerbezone und war, ausser von den Künstlern in den Ateliers, weitgehend unbewohnt. Trotzdem muss sich ein Hauswart irgendwo in seiner einsamen Dachwohnung in der Nachtruhe gestört gefühlt haben, sodass er kurz nach Mitternacht die Polizei anrief. Zwei Stadtpolizisten erschienen und walteten ihres Amtes. Sie beschlagnahmten alle Einnahmen aus dem Barbetrieb und lösten die Gesellschaft auf. Unter den Gästen befand sich auch Serge

Hediger, der als Journalist beim *Sonntagsblick* arbeitete. Seine nachträglichen Recherchen ergaben, dass am selben Abend zwei andere öffentliche Grossveranstaltungen, eine im Kaufleuten und eine im Albisgüetli, bis weit über Mitternacht hinaus gedauert hatten, ohne von der Polizei behelligt worden zu sein. Am folgenden Sonntag erschien unter dem Titel »Razzia am Bingo-Abend« sein Artikel, in dem er auch über die originellen Preise berichtete, die es zu gewinnen gegeben hatte; unter anderen Schweizer Gras und eine Edelstatistenrolle in Steiners nächstem Film.

Am Montag rief mich Herr Bucher von der Stadtpolizei an. »Ich lese da in der Zeitung, dass man bei ihnen Hanf gewinnen konnte.« Ich bestätigte das Schweizer Gras und erwähnte auch die anderen Preise. Er machte mich eindringlich auf die Gesetze über Drogenmissbrauch und Glücksspiel aufmerksam. Ich fragte ihn, ob ich mit einer Busse rechnen müsse. Ja, sagte er, die Höhe dieser Busse hänge allerdings davon ab, wie er das Protokoll schreibe. Da wir uns an jenem Abend gegenüber den Polizisten anständig verhalten und den Befehlen widerstandslos Folge geleistet hatten, wolle er es bei einer Verzeigung wegen Verstosses gegen die Feiertagsruhe belassen. Von Glücksspiel und Drogen habe er nichts gesehen. Das war eine noble Geste.

Bevor er auflegte, warnte mich Herr Bucher davor, eine solche Veranstaltung erneut durchzuführen und klärte mich über die Folgen einer allfälligen Missachtung dieses Verbotes auf. Da ich nicht vorhatte, jemals wieder einen Bingo-Abend zu veranstalten, versprach ich, dass es nicht mehr vorkommen sollte.

Unser Anlass am Gründonnerstag wurde zu einem Politikum. Kinobetreiber, Gastronomen und Partyveranstalter nahmen das Thema Tanzverbot an kirchlichen Feiertagen auf und begannen, am Gesetz zu rütteln. Ich wurde vermehrt angefragt, mich zu diesem Thema zu äussern, sei es am Fernsehen in der Diskussionssendung »Club« oder in den Zürcher Tageszeitungen. Ich lehnte alle Anfragen dankend ab und liess mich nicht vor diesen Karren spannen. Das an Feiertagen in geschlossenen Räumen geltende Tanzverbot wurde erst im Jahr 2000 aufgehoben, über Veranstaltungen im Freien diskutierte der Zürcher Kantonsrat noch im März 2012. Vielleicht hätte ich mich doch etwas ins Zeug legen sollen?

In den Wochen nach unserem Abend geschah aber etwas völlig Unerwartetes. Immer mehr Leute fragten mich, wann es wieder einen Bingo-Abend gebe und ob dann erneut die Polizei komme. In jener Zeit gab es in Zürich eine Menge illegaler Bars und Clubs, und so war es schon fast hip, eine Veranstaltung zu besuchen, die von der Polizei aufgelöst wurde. Ich spürte instinktiv, dass in dieser für mich neuen Form der Abendunterhaltung noch viel Potenzial schlummerte. Und ich ahnte auch bereits, in welche Richtung ich sie weiterentwickeln wollte.

WANN KOMMT DIE POLIZEI?

So geschah das, was ich noch drei Wochen zuvor heftig in Abrede gestellt hatte: Wir organisierten erneut einen Bingo-Abend. Diesmal aber wollten wir den Anlass im Geheimen abhalten, um so der Polizei ein Schnippchen zu schlagen. Im grossen Saal des Xtra beim Limmatplatz stellten wir eine Reihe Festbänke auf. Am Haupteingang befestigten wir einen Zettel, auf dem von Hand geschrieben stand: »Heute geschlossene Gesellschaft.«
Die Werbung für diesen Bingo-Abend lief nur von Mund zu Mund, aber das funktionierte prächtig. Dreihundert Besucher kreuzten schliesslich auf und wurden auf unsere Anweisung hin in kleinen Gruppen hinters Haus geführt und gelangten von da über die Feuerleiter in den Saal. Das verlieh dem Ganzen den Geschmack von Untergrund und Abenteuer. Wir heizten die Stimmung zusätzlich an, indem wir die Leute wetten liessen, wann an diesem Abend die Polizei komme. Auf einer grossen Tafel notierten wir die Wetteinsätze, die getippte Zeit und die dazugehörenden Namen. Die Polizei kam nicht, der Abend wurde ein rauschender Erfolg. Ich war glücklich. Zwei Journalisten, die halb privat und halb beruflich im Publikum gesessen hatten, berichteten in ihren Zeitungen ausführlich über die ausgefallenen Bingo-Preise und natürlich auch über unsere Zusatzwette: Wann kommt die Polizei?
Diesmal rief mich Herr Bucher nach der Zeitungslektüre nicht mehr an, sondern meldete sich schriftlich. Er war dermassen erzürnt über meinen Wortbruch, dass er sein Protokoll umschrieb und uns mit 5000 Franken büsste.
Zum Glück wusste er nicht, dass ich beim zweiten Bingo-Abend beinahe eine echte Kapo-Mütze als Preis angeboten hatte. Sonst wäre die

Busse vielleicht noch höher ausgefallen. Auf einem Filmdreh mit echten Polizisten legte ein Kantonspolizist seine Mütze ab, als er auf die Toilette ging. Für einen kurzen Augenblick war diese unbeaufsichtigt, und fast hätte ich sie als Bingo-Preis eingesackt.

Wir beschlossen die Bingo-Abende weiterzuführen, unter anderem auch, um unsere Busse abzahlen zu können.

Dank gelockerter Gesetzgebung konnten wir nach einer Weile aus dem Untergrund auftauchen und die Show öffentlich aufführen und ankündigen. Die Bingo-Show ist unterdessen gut 15 Jahre alt. Wir haben sie in der ganzen deutschsprachigen Schweiz an allen möglichen und unmöglichen Orten aufgeführt. An der Expo.02 traten wir damit während drei Wochen zweimal täglich auf der Arteplage mobile du Jura auf. Der Bingo-Anlass wurde sogar von einem Kreuzfahrtschiff-Veranstalter gebucht. Das Schiff brachte uns von Genua über Dubrovnik nach Alexandria und zurück über Neapel nach Venedig. Der Höhepunkt der Show waren aber die Auftritte während eines ganzen Jahres vor 800 Leuten im Zelt. Und einmal spielten wir sogar auf dem heiligen Rasen des FCZ im Letzigrund. Weil sich die Auftritte häuften und regelrecht in Arbeit ausarteten, zog sich Michael Steiner, der unterdessen als Filmregisseur Furore machte, aus der Bingo-Show zurück. Sein Part wurde, mit seinem Einverständnis, durch die Komödiantin Anet Corti ersetzt. Sie spielt inzwischen seit mehr als zehn Jahren souverän meine komische Assistentin. Der Kern der Show sind die von uns sorgfältig ausgedachten Preise. Mein Anspruch ist, dass die Preise zwar unglaublich klingen, aber echt und einlösbar sind; und dass es Mut oder zumindest ein wenig Überwindung erfordert, sie einzulösen. Darunter haben wir Ideen, die so originell sind, dass sie mitunter von fantasielosen Lokalradio-Redaktoren gestohlen werden.

DUSCHEN MIT DEM FCZ

Sich einen Preis auszudenken, ist das eine, ihn wirklich zu bekommen, das andere. Dazu braucht es immer wieder viel Überzeugungsarbeit und Fingerspitzengefühl. Zum Beispiel hatte ich die Idee, dass ein Gewinner nach einem FCZ-Match gemeinsam mit den Spielern duschen darf. Bald ergab sich eine Gelegenheit, mit dem Präsidenten Ancillo Canepa und dem Sportchef Fredy Bickel Mittagessen zu gehen. Sie fanden den Preis zwar sehr lustig, erklärten mir aber, dass sie Muslime in der Mannschaft hatten, die aus religiösen Gründen in Badehosen duschten. Ihnen gegenüber wäre dieser Preis respektlos. Canepa hatte aber einen anderen Vorschlag: Der Gewinner durfte im Original-FCZ-Tenue bei einem offiziellen Spiel als zwölfter Mann mit dem Kader auf den Rasen einlaufen und sich mit ihnen in die Reihe stellen. Nur der Schiedsrichter und der FCZ sollten Bescheid wissen.
Ich schlug ein. Den Preis gewann der Regisseur Alex Kleinberger. Er löste ihn bei einem Heimspiel des FCZ gegen den FC Luzern ein. Alex wollte natürlich alles genau sehen und behielt deshalb seine Brille auf der Nase, als er mit den Spielern aus der Katakombe kam. Als die Spieler vom FC Luzern den Kollegen vom FCZ die Hand drückten, ist keinem etwas aufgefallen. Sogar Hakan Yakin drückte dem Brille tragenden Kleinberger die Hand und wünschte ihm ein gutes Spiel. Natürlich musste Kleinberger vor dem Anpfiff den Rasen verlassen.

DER GEHEIMSTE GEHEIMSCHALTER
VON BASEL

Einmal hatte ich die Idee, dass ein Bingo-Gewinner am Basler Morgestraich jenen Schalter betätigen durfte, mit dem um vier Uhr morgens die öffentlichen Lichter der ganzen Stadt auf einen Schlag gelöscht werden. So begannen zähe telefonische Verhandlungen mit der Geschäftsleitung des Elektrizitätswerks in Basel. Nach unzähligen Anrufen bekam ich schliesslich die Zusage, aber nur unter der Bedingung, dass ich garantierte, dass der Standort des Schalters geheim blieb.
Ich überlegte mir, wie das gehen sollte. Sollte ich dem Gewinner einen schwarzen Sack über den Kopf stülpen und mit ihm in ein Basler Taxi steigen, damit er dann am geheimen Ort blind einen geheimen Schalter bedienen konnte? Da hätte ich mit dem Gewinner ebenso gut irgendwohin fahren, ihn morgens um vier Uhr auf irgendeinen Schalter drücken lassen und ihn glauben machen können, er habe nun soeben in ganz Basel die Lichter gelöscht. Mit einem Sack über seinem Kopf hätte er nicht viel von seinem grossen Moment gehabt.
Ausserdem hätte ich den Gewinner ja an den betreffenden Ort begleiten und diesen Ort dann wieder vergessen müssen. Ich hätte mich danach komatös trinken müssen, um den geheimen Ort lebenslänglich aus meiner Erinnerung zu löschen, und nicht einmal das war eine sichere Methode. Kurzum, ich konnte der Geschäftsleitung der Elektrizitätswerke die hundertprozentige Geheimhaltung nicht garantieren. Der Preis konnte darum nie ins Repertoire aufgenommen werden, sehr schade.
Ein Preis, der hingegen eingelöst werden konnte, hat in Basel für viel Gesprächsstoff gesorgt. Am Barfüsserplatz fliessen auf einem Hausdach in digitaler, roter Laufschrift Nachrichten, Werbung, die aktu-

elle Zeit und Temperatur in einer Endlosschlaufe über eine längliche Anzeigetafel. Diese wird von einer Privatperson betrieben. Diese Person stiftete als Preis für eine Basler Bingo-Show einen Satz, den der Gewinner nach freiem Wunsch über das Laufband schicken durfte. Ich dachte natürlich, die Gewinnerin oder der Gewinner würde mit diesem Preis jemandem zum Geburtstag gratulieren oder seine Liebe kundtun. Weit gefehlt. In der Tagespresse war zu jenem Zeitpunkt – einmal mehr! – das grosse Thema, zu welchem Club David Beckham wohl wechselte. Die ganze Welt rätselte, für wen er in Zukunft spielen würde. Und was machte der Gewinner des Preises? Er schickte folgenden Satz über die Lauftafel: »Exklusiv! Beckham wechselt zum FCB.« In der Presseabteilung des FCB liefen an diesem Tag die Telefone heiss.

BRUSTVERGRÖSSERUNG

Mit der Bingo-Show traten wir an zwei aufeinanderfolgenden Abenden in der Aktionshalle der Roten Fabrik auf. Wir hatten eine Brustvergrösserung als Preis im Angebot. Mit Betonung auf eine. Das heisst, die Vergrösserung galt nur für eine Brust. Der spendende Arzt für plastische Chirurgie erklärte mir, eine komplette Brustvergrösserung, also beide Brüste, koste die Patientin 8000 Franken, ihn selber 4000 Franken. Er ging davon aus, dass die Gewinnerin ihre zweite Brust ebenfalls vergrössern lasse und er damit die Selbstkosten decken konnte.
Ich hatte an der einseitigen Brustvergrösserung grosse Freude. Den Preis gewann Marco Boselli, der heute die Zeitung »20 Minuten« leitet. Wenig später wurde auf einer Plattform im Internet eine Brustvergrösserung zum Kauf angeboten. Als ich Marco darauf ansprach, bestritt er jedoch vehement, der Anbieter zu sein. Wem er die grössere Brust gestiftet hatte, wollte er aus Diskretionsgründen nicht verraten. Ich frage mich natürlich bis heute, wer sonst im Netz eine einzelne Brustvergrösserung zum Verkauf angeboten hat?
Nach dem ersten Abend in der Aktionshalle wurde ich von zwei linksalternativen Emanzen arg kritisiert: Ihnen habe die Show zwar gefallen, aber dieser Preis sei frauenfeindlich und sexistisch. Ein Vorwurf, dem man sich in der Roten Fabrik damals leicht ausgesetzt sah. Um ihn zu widerlegen, rief ich am nächsten Morgen den Arzt für plastische Chirurgie an, den ich aus der Kontiki-Bar kannte, die Ende der 1980er-Jahre mein Wohnzimmer gewesen war. Ich fragte ihn, ob er auch Penisverlängerungen machte. »Ja, das mache ich«, sagte er, »aber nur, wenn der Penis sehr klein ist und der Patient ein echtes Problem damit hat.« Am zweiten Abend in der Aktionshalle erklärte ich an der entspre-

chenden Stelle im Programm, dass die Brustvergrösserung auf Kritik gestossen sei und ich zum Ausgleich eine Penisverlängerung als Preis organisiert habe. Prompt gewann ein Mann den Preis und kam freudestrahlend auf die Bühne, um ihn entgegenzunehmen. Michael Steiner nahm ihn unter einem Vorwand zur Seite und ging mit ihm kurz in die Garderobe. Inzwischen erklärte ich dem Publikum, dass wir den Preis nur abgeben durften, wenn der Schwengel des Gewinners sehr klein war. Steiner sei nun in der Garderobe am messen. Kurze Zeit später kamen die beiden zurück auf die Bühne und Steiner flüsterte mir ins Ohr: »Rhabarber, Rhabarber.« Ich verkündete dem Publikum, Michael Steiner habe mir soeben mitgeteilt, dass wir den Preis abgeben durften. Das Publikum brüllte vor Lachen, während der ahnungslose Gewinner zurück an seinen Platz ging.

Als die Medien anfingen, über Viagra zu berichten, wollten alle wissen, was das genau war und wie es wirkte. Viagra war in den Anfängen kaum erhältlich und daher sehr teuer. Dank einer Pharmavertreterin, die ich kannte, gelang es mir, eine Schachtel der begehrten Pillen zu ergattern. In einer Bingo-Show im grossen Kaufleutensaal konnten wir einem Gewinner deshalb ein hochdosiertes Viagra abgeben. Er bekam die blaue Pille aber nur, wenn er sie sofort auf der Bühne schluckte, damit das Publikum im Laufe des Abends sehen konnte, was für eine Wirkung sie hatte. Der Gewinner war einverstanden. Um nicht auf die Chemie alleine zu vertrauen, setzten wir eine aufreizend gekleidete Schauspielerin neben ihn, die ihm helfen sollte, die Zahlen abzudecken. Doch auf die Zahlen konnte sich der arme Kerl bald nicht mehr konzentrieren, und mit Sitzen hatte er auch zusehends Mühe. Unter grossem Gelächter verliess er in gekrümmter Haltung die Veranstaltung. Ob er später in geeigneterem Rahmen wieder einmal zu der Pille gegriffen hat, entzieht sich meiner Kenntnis, da ich ihn nie wieder an einem Bingo-Abend gesehen habe.

EIN PREIS FÜRS LEBEN

Ein paar weitere Preise, die mir besonders gefallen haben: Bei einem Bingo-Abend in Bern bestand ein Preis darin, dass man mit Polo Hofer an der Aare einen Joint rauchen durfte. Im Appenzell lernte ich beim Kabarettisten Simon Enzler Raffael Schmid, den Leiter einer Glas- und Fensterfabrik in Teufen, kennen. Das brachte mich auf eine Idee, und Schmid ging darauf ein. Der Preis bestand darin, dass der Gewinner einem persönlichen Feind das Fenster einschlagen durfte. Am nächsten Tag sollte dann ein Handwerker der Firma Fenster-Schmid kommen und das Glas gratis und franko ersetzen. Dieser Preis wurde oft gewonnen, aber nur selten eingelöst. Ich scheue keinen Aufwand, neue Preise zu erfinden und dann auch zu bekommen. So bat ich Christoph Sigrist, meinen Lieblingspfarrer vom Grossmünster in Zürich, ob er uns Trauungen im Grossmünster mit ihm als Pfarrer als Preis spenden würde. Er fragte mich, um wie viele Trauungen es sich handelte. Es waren fünfzig Shows geplant, ich versicherte ihm aber, dass von den fünfzig Gewinnern höchstens ein oder zwei Paare den Preis wirklich einlösen würden. Das klang überschaubar, also willigte er ein.
Ein halbes Jahr später rief er mich an und fragte, ob wir den Preis aus dem Programm nehmen könnten. Seit die Show unterwegs sei, müsse er praktisch an jedem Samstag im Grossmünster ein Paar gratis trauen. Der Preis hatte sich zu einem der Renner der Bingo-Show entwickelt, damit hatte ich wirklich nicht gerechnet. Wir hatten noch zwölf Auftritte vor uns, und ich wollte die Trauungen, die einen Wert von je 1500 Franken hatten, unter keinen Umständen aus dem Programm nehmen. Also bot ich an, ihn nach Kräften zu unterstützen. An einem Abend trafen wir uns bei ihm in der Pfarrstube und be-

reiteten unter seiner Führung die kommende Trauung vor. Er fragte mich, was er mir in der Kirche alles übertragen dürfe. Ob ich auch das Gebet sprechen und dieses sogar selbst schreiben könne. Ich erklärte mich selbstverständlich dazu bereit. So stand ich am Samstagnachmittag im Grossmünster vor einem fremden Brautpaar. In der Kirche sassen die Eltern, die Verwandten und alle Bekannten. Wie vereinbart sprach ich an der entsprechenden Stelle das Gebet und schloss es mit folgenden Worten ab: »Wir danken Herrn Pfarrer Christoph Sigrist für diese Gratis-Trauung und beten, dass er noch viele weitere Gratis-Trauungen für uns machen wird.«

Wir wurden erhört. Vier Jahre später hat Pfarrer Sigrist mich und Frau Fischer im Grossmünster gratis getraut. Wir wollten ihm die Trauung eigentlich bezahlen, aber er hat sie uns zur Hochzeit geschenkt.

Ein weiterer Preis, der sich beim Publikum grosser Beliebtheit erfreute, war dieser: Der Gewinner, in diesem Fall ist es meist eine Gewinnerin, kommt auf die Bühne, und ich zeige ihr zwei äusserlich identische Umschläge, von denen einer gezogen werden muss. In einem Umschlag ist ein Gutschein für eine Hotelübernachtung in einem romantischen Zimmer mitten in der Zürcher Altstadt. Im anderen Umschlag einer für eine Übernachtung bei meinem Cousin in der Studenten-WG an der Hohlstrasse.

Bei der Hotelübernachtung gehört ausserdem zum Preis, dass ich, sobald die Gewinnerin im Nachthemd im Bett liegt, hereinkomme und ihr eine selbst geschriebene Gutenachtgeschichte vorlese. Mein Aufenthalt in dem Zimmer dauerte in der Regel eine Viertelstunde. Manchmal wäre ich durchaus gerne länger geblieben, aber nach einer Viertelstunde rief meistens der Freund an ... Der Preis wurde bis heute 18 Mal eingelöst und hat sich damit auch als aufwendiger als vermutet erwiesen.

DIE PAAR BRÖSMELI
HÄND MI NIE GSTÖRT

Beim Bingo rufen die Gewinner, sobald sie alle Zahlen abgedeckt haben, »Bingo!«. Nicht bei mir. In meiner Show wurde noch nie »Bingo!« gerufen. Lange Zeit habe ich morgens in der Zeitung jeweils nach einer Meldung gesucht, die sich in einem griffigen, lustigen Satz zusammenfassen lässt, den das Publikum am Abend anstelle von »Bingo« rufen konnte. Als es beispielsweise in Basel verboten wurde, in Tram und Bus Mahlzeiten zu verzehren, liess ich den Satz rufen: »Die paar Brösmeli händ mi nie gstört!«

Der »Basler Zeitung« entnahm ich eines Tages, dass das Geschäft Leder Locher am Morgestraich die Lichter in seinen Schaufenstern hatte brennen lassen, obwohl alle Läden und Bewohner in der Innenstadt aufgefordert sind, an diesem Tag die Lichter zu löschen. Ich liess das Publikum deshalb am Abend rufen: »Leder Locher, lösch s'Liecht ab!«

Wir spielten die Show auch an vielen Firmenanlässen. Da liess ich beispielsweise loben, wie gut es wirtschaftlich um die Firma stehe, was einzig dem persönlichen Einsatz jedes einzelnen Mitarbeiters zu verdanken sei. Darum liess ich die Gewinner vor der ganzen Belegschaft rufen: »Dank mir lauft die Bude so guet!«

Bei einem Vorbereitungsgespräch zu einem Weihnachtsfest der Firma Jumbo erfuhren wir vom CEO, dass die Mitarbeiter die Kunden zu wenig auf die laufenden Aktionen hinwiesen. Damit hatten wir den Bingo-Spruch des Abends gefunden: »S'abegsetzte Dübelset händ sie gseh?«

Hat jemand den Satz ausgerufen, muss die Person mit der Spielkarte auf die Bühne kommen, und Anet Corti prüft, ob die Zahlen richtig abgedeckt wurden. Stimmen die Zahlen nicht mit den von mir ge-

zogenen überein, bekommt die Person eine Strafe. Er oder sie muss beispielsweise einen Sack voller abgelatschter Frauenschuhe mit nach Hause nehmen oder eine alte Matratze entsorgen. Ich habe auch schon eine Person mit einem Fichtennadel-Raumspray derart eingenebelt, dass sie sich nachher nirgends mehr im Saal hinsetzen konnte.
An einem Anlass einer Grossbank, zu dem Jugendliche von sehr vermögenden Eltern für zwei Tage nach Arosa eingeladen worden waren, habe ich einem Sprössling, der seine Zahlen falsch abdeckte, von unserem Bingo-Boy Harry eine frische Schwarzwäldertorte ins Gesicht drücken lassen.
Anlässlich eines Helvetas-Bingo erhielten wir von alt Bundesrat Adolf Ogi einen originellen Preis: Ogi bekam die mobile Telefonnummer des Gewinners sowie Tagesangabe und Uhrzeit. Zum angegebenen Zeitpunkt rief er den Gewinner an, um ihm alles Gute zum Tag zu wünschen und das Gespräch mit seinen geflügelten Worten »Freude herrscht« abzuschliessen. Ein Jahr später spielte Ogi anlässlich einer Privatgala selbst bei einen Bingo mit. Und was passierte? Als Falschrufer musste er ein paar abgelaufene Winterpneus mit nach Hause nehmen.
Eine grosse Kontroverse brach wegen der Hamster aus, die ich an zwei Abenden als Strafe an die Falschrufer abgab. Für den ersten Abend kaufte ich in der Tierhandlung im Niederdorf, einen Steinwurf von meiner Wohnung entfernt, drei Hamster, und nahm sie mit ins Theater. Die Bingo-Singers, eine dreiköpfige Band, die die Show musikalisch trug, warfen mir vor, nun ginge ich aber zu weit mit den Strafen. Doch die Hamster waren ein voller Erfolg! Ich wagte mich aber nicht mehr, am nächsten Tag im selben Tierladen neue Exemplare kaufen zu gehen. Ich hatte der Verkäuferin erzählt, sie seien für meinen Göttibub. Ich dachte, sie würde Verdacht schöpfen, wenn ich am nächsten Tag wieder aufkreuzte und nochmals drei Hamster kaufte, und

denken, dass ich zu Hause illegal eine Schlange halte. Also schickte ich meine Assistentin Anet vor und wartete um die Ecke. Nach zwanzig Minuten kam sie mit drei Hamstern und drei Luxuskäfigen, die alleine über 400 Franken gekostet hatten, heraus. Zudem hatte Anet die Käfige als veritable Freizeitparadiese für Hamster einrichten lassen. Unsere ganze Abendgage war für die Strafpreise draufgegangen. Ich wurde ziemlich wütend. »Als ich die Hamster sah, konnte ich nicht anders«, war ihre Antwort.

Sibylle Dubs, der Kopf der Bingo-Singers, stellte mich am zweiten Abend vor die Wahl: entweder sie oder die Hamster. Ich entschied mich für sie und vertauschte kurzerhand die Hamster mit einer alten Frau, einem Kind oder einem Hund. Wenn eine Person mit nicht korrekt abgedeckten Nummern auf die Bühne kam, holte ich eine alleinstehende, achtzigjährige Frau aus unserer Garderobe – sie wurde gespielt von der Schauspielerin Lo de Fleury. Sie setzte sich mit einem Koffer neben den Delinquenten und drängte ihn, sie mit nach Hause zu nehmen. Im Unterschied zu den Hamstern kamen das Kind, die alte Frau und der Hund nie weiter als bis vor die Türe des Theaters.

Private Adressänderungskarte, die von der *Schweizer Illustrierte* abgedruckt wurde, was ihr eine Klage des richtigen Hausbesitzers einbrachte, 1996.

Die Residenz
von Beat Schlatter

Tellspielhaus, Altdorf 2011.

Casino Theater, Burgdorf 2011.

Kofmehl, Solothurn 2011.

Saal Maienmatt, Oberägeri 2010.

Stadttheater Schaffhausen, 2010.

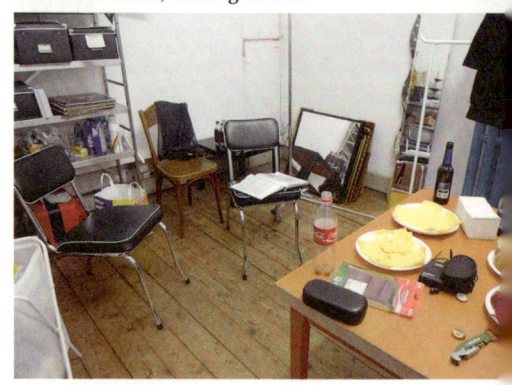

Razzia, Zürich 2010.

Kellertheater, St. Gallen 2010.

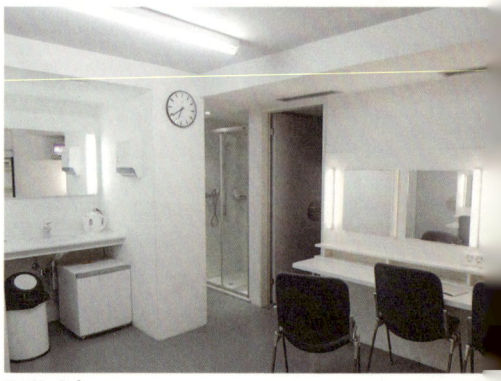

TAK, Schaan 2010.

dttheater Olten 2011.

Theater Meyers, Zürich 2011.

ziken 2011.

Kino Theater Madlen, Heerbrugg 2011.

ter Duo Fischbach, Küssnacht a. R. 2010.

Theater Muotathal, Muotatal 2010.

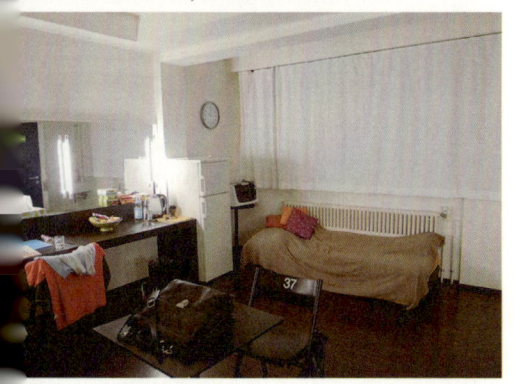

theater, Luzern 1993.

Bea expo, Bern 2011.

Schweizer Fernsehen 1998.

Stadttheater, Schaffhausen 1998.

Casino, Frauenfeld 1998.

Tonhalle, Wil 1998.

Rote Fabrik, Zürich 1998.

Restaurant Löwen, Meilen 1998.

Gemeindesaal, Geuensee LU 1998.

Kurtheater, Baden 1998.

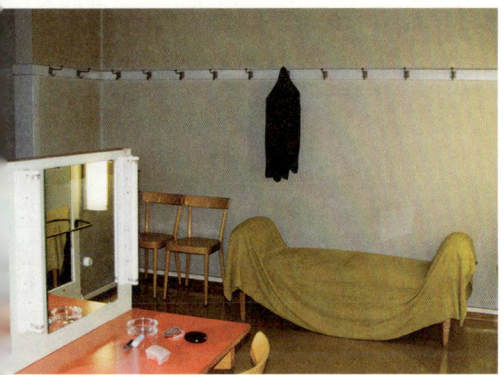

ttheater, Olten 1998.

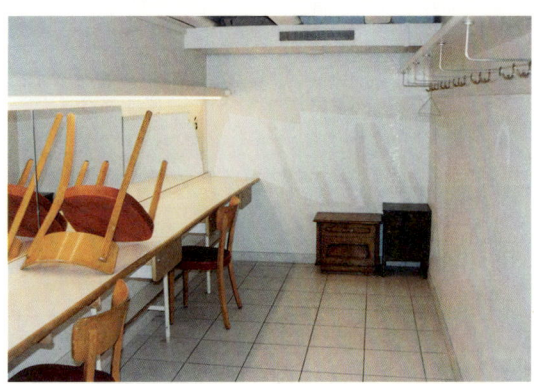

Saalbau, Stein AG 1998.

eindesaal, Rorbas 1998.

Würth, Chur 2011.

dorf, 1998.

Basel 1998.

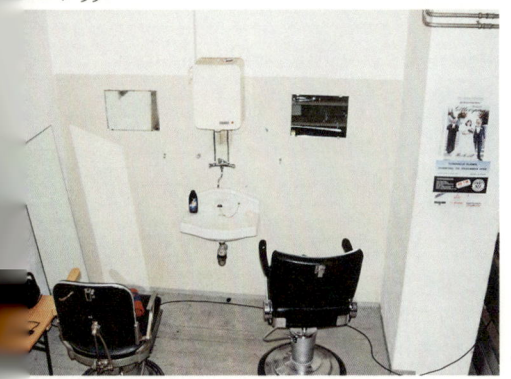

alle, Flawil 1998.

Theater Stiftschule, Einsiedeln 1997.

WELCHES IST DIE SCHLECHTESTE BEIZ VON LUZERN?

Thomas »Gisi« Gisler lernte ich bei Radio 3Fach in Luzern kennen, dem besten Jugendradio der Schweiz. Gisi schrieb damals Sketche, die er selbst spielte. Bis heute leitet er das Veranstaltungslokal Schüür. Er hatte die Bingo-Show mehrmals zu Gast und spendete auch ein paar lustige Preise, darunter eine Gratis-Katzenkastration oder eine Nacht unterwegs mit Nachtgolfern, eine Art Guerilla-Golfer, die nachts auf Baustellen Golf spielten.
Er wollte mich schon lange für eine Sendung auf Radio 3Fach gewinnen und fragte, ob ich eine Idee hätte.
Ich hatte. Schon lange wollte ich eine Art Gault-Millau-Führer der schlechtesten Restaurants herausgeben. Hierfür hatte ich auch schon recherchiert – auf der Liste standen das EPA-Restaurant vis-à-vis des City-Hallenbades an der Sihlporte, »de Egge« im Niederdorf oder der »Olivenbaum« beim Stadelhofen –, aber mir wurde von allen Seiten eindringlich davon abgeraten. Von den Wirten der, sagen wir mal, 120 Lokale, die in dem Führer besprochen und als miese Spelunken bezeichnet worden wären, hätten mich mindestens 119 wegen Ruf- und Geschäftsschädigung verklagt.
So änderte ich das Konzept. Es hiess nun: »Welches ist die schlechteste Beiz von Luzern?« Die Zuhörerinnen und Zuhörer wurden im Vorfeld aufgefordert, der Redaktion die ihrer Ansicht nach schlechteste Beiz der Stadt zu nennen.
Die Redaktion kürte aus den Vorschlägen die vier Allerschlechtesten, und diese besuchte ich dann an einem Samstag. Als ich vor Ort war, rief mich der Moderator an. Er bat mich zu beschreiben, wo ich mich aufhielt, und Hinweise auf die Beiz zu geben, damit die Zuhörerschaft

herausfinden konnte, wo ich war. Da in den meisten schlechten Beizen nicht viele Leute sassen, musste ich immer ganz leise und unauffällig sprechen. Meine Mängelliste hörte sich etwa so an: »Also hier hat es versiffte Vorhänge und dreckige Tischtücher. Die Biberli und Kägifret sind schon lange abgelaufen.« Oder: »Die einzigen Gäste, die es hier um zehn Uhr morgens hat, sind drei Alkis am Stammtisch.« Oder: »Der Wirt hat seine Unterhose über das Hemd gezogen und schlägt mit dem Spültuch Fliegen tot!«
Es wurde tüchtig mitgerätselt, und die Sendung kam sehr gut an. Die Redaktion hätte sie gerne regelmässig ausgestrahlt, aber ich wollte definitiv nicht jeden Samstag in den schlechtesten Beizen von Luzern sitzen. Es war einfach zu deprimierend.

DIE BESTEN WITZE

Ein Jahr lang trug ich in meinem Hosensack ein Mini-Disc-Aufnahmegerät mit mir herum. In Drehpausen, an Premieren oder bei mir zu Hause am Küchentisch bat ich Freunde und Persönlichkeiten des öffentlichen Lebens, mir ihren Lieblingswitz zu erzählen. Insgesamt habe ich über 500 Witze von hundert Schweizer Prominenten aufgenommen. Zusammen mit Andreas Dobler wählten wir die besten aus und gaben sie auf drei CDs heraus. Die CDs haben sich sehr gut verkauft, obwohl sie hundsmiserable Covers hatten. Eigentlich hätte Andreas Dobler die Covers gestalten sollen, und er hatte auch viele Ideen, doch keine, die seinen hohen Ansprüchen genügten. Er gab den Auftrag an seinen Künstlerfreund Christian Andersen weiter, der zwei tolle Coverentwürfe vorschlug, die jedoch Viktor Waldburger von der Plattenfirma TBA ablehnte. Viktor Waldburger outete sich später als DJ-Bobo-Fan. Das erklärt nicht alles, aber einiges. Zum Schluss wurden die Cover von einem Zürcher Grafiker gestaltet. Sie sehen aus wie Graffiti, mit denen eine Lungenklinik ihr Treppenhaus verziert hatte, um Einbrecher abzuschrecken. Sie passen überhaupt nicht zum Inhalt der CDs. Der ist nämlich hervorragend. Nicht nur die Witze, auch die fünfzig musikalischen Zwei-Sekunden-Witz-Trenner, die Dobler unter dem Pseudonym Andy Canyon einspielte, sind grandios. Er blühte bei dieser Arbeit im Studio förmlich auf.
Bevor wir die Witze für die Öffentlichkeit freigaben, testete ich sie in meinem engsten Freundeskreis. Ich dachte mir, dass es aus kommerzieller Sicht gut wäre, wenn die CD auch bei Kindern ankommt. Deshalb bat ich die Eltern in meinem Umfeld um eine Beurteilung der Kindertauglichkeit unserer Auswahl. Aufgrund ihres Echos nahm ich noch ein paar kleine Korrekturen vor.

Doch die Eltern in meinem Umfeld scheinen nicht dem Landesdurchschnitt zu entsprechen. Denn schon kurz nach der Veröffentlichung der CDs wurde ich mit Beschwerdebriefen überflutet. Ich fühlte mich um ein Jahr zurückversetzt, als ich für einen Schal Werbung gemacht hatte, auf dem zu lesen war: »Weniger Blocher«. Diesmal fand ich allerdings keinen toten Fisch im Briefkasten. Mütter schauen offenbar weniger Gangsterfilme und kennen diese Art der Todesdrohung nicht. Trotzdem wünschten sie mich zur Hölle: »Stellen Sie sich den peinlichen Moment vor, als ich ins Kinderzimmer komme und Daniela Meuili gerade ihren Witz ›Stripperin in einer Schwulenbar‹ zum Besten gibt.« Oder: »Wir fuhren mit der ganzen Familie ins Tessin. Wir hatten für die Ferien extra Ihre CD gekauft, weil wir dachten, das sei etwas für die Familie, und dann hörten wir im Auto Mike Müllers Witz ›Sex mit Grosi‹ und mussten danach versuchen, den Kindern die Sache zu erklären und die Grossmutter zu beruhigen.« Oder: »Gestern habe ich meinen Sohn dabei erwischt, wie er seinem Freund den Witz ›Geili Sau‹ erzählte. Weil ich solche Schweinereien bei uns zu Hause nicht dulde, stellte ich ihn zur Rede, woher er den Witz kenne. Sie wissen es natürlich: von Ihrer CD! Das ist wirklich das Letzte!« Solche Briefe stapelten sich also bald zu Hunderten bei mir, und sie alle zu beantworten, gab mehr Arbeit als die Herstellung der drei CDs.
Peter Staub, der ehemalige Manager des Kabaretts Götterspass, leitet heute das Sportpanorama im Schweizer Fernsehen. Wir sitzen oft zusammen auf der Haupttribüne des Letzigrunds und erleben Höhen und Tiefen des FCZ.
Die Witzparade brachte ihn auf die Idee, das Konzept fürs Sportpanorama zu übernehmen. Am Schluss der Sendung sollte jeweils ein Sportler seinen Lieblingswitz erzählen. Peter meinte jedoch, dass es für seine Sportjournalisten unzumutbar sei, die Sportler nach einem Interview und möglicherweise sogar nach einer Niederlage um einen

Schlusswitz zu bitten. Ob ich die Aufgabe nicht übernehmen möchte? Ich sagte sofort zu. Sein Mitarbeiter Roli Tobler stellte die Kontakte zu den Sportlern her. Mit ihm und einem Kameramann war ich zwei Wochen lang quer durch die Schweiz unterwegs und besuchte die Spitzensportler beim Training oder zu Hause, wo sie mir ihren Lieblingswitz vor laufender Kamera erzählten. Mark Streit, Didier Cuche, Simon Ammann, Christian Gross, Köbi Kuhn, Franco Marvulli und Marco Streller sind nur ein paar Namen von Sportlern, die mitgemacht haben. Unsere höchste Ambition war natürlich, auch Roger Federers Lieblingswitz aufzunehmen. Nun kann man aber schlecht einen Weltstar vom Format Roger Federers anrufen und sagen: »Guten Tag Herr Federer, wir möchten Sie fragen, ob sie für das Schweizer Fernsehen einen Witz erzählen, je versauter, desto besser.«

So dachten wir, dass Federes Witz ein unerreichbares Ziel bleiben würde. Mit einer List gelang es uns jedoch, Roger Federer einen Witz erzählen zu lassen. An einem Sonntagabend war Federer in eine Sendung eingeladen. Wir klärten ab, wann er in der Maske war, und arrangierten, dass ich zur gleichen Zeit auf dem Sitz neben ihm gepudert wurde, rein zufällig natürlich. Ich versuchte, ihn in ein lockeres Gespräch zu verwickeln, was ganz gut gelang. Roger Federer plauderte also in der Maske mit mir, und ich erwähnte so ganz nebenbei all die Sportler, die mir bereits ihren Lieblingswitz erzählt hätten. Es wäre doch toll, sagte ich sehr relaxed, wenn er auch mitmachen würde. Roger Federer sagte nicht weniger relaxed zu. Ich musste mich zurückhalten, um ihm vor Freude nicht um den Hals zu fallen.

Ich solle nach der Sendung in seine Garderobe kommen, instruierte mich Roger. Am besten sei es, wenn seine Frau, die auch seine Managerin ist, nichts davon erfahre.

Nach der Sendung ging ich also schnurstracks in Federers Garderobe. Seine Frau war nicht da. Nun hiess es, keine Zeit zu verlieren. Ich klärte rasch das Rechtliche, holte also sein Einverständnis ein, dass ich den Witz veröffentlichen durfte, und fragte ihn, wie ich ihn erreichen konnte, falls irgendetwas Unvorhergesehenes passieren sollte. Er gab mir seine Mobilnummer, von der ich wusste, dass sie schwer zu bekommen war. Ich kannte viele Leute, die für diese Nummer über Leichen gegangen wären. Fast.

Endlich konnte es losgehen. Ich rief den im Korridor wartenden Kameramann und erklärte noch einmal, dass der Witz also ruhig auch äh, ein bisschen, nun ähm, Dings, also frecher sein dürfe, du weisst, was ich meine. Roger nickte und legte los. Und mir fror das Gesicht ein. Was für ein Desaster! Roger Federer erzählte einen Witz, der überhaupt nicht lustig war. Einen vollkommen harmlosen Kinderwitz. Nun begann ich zu schwitzen. Wie sagt man Roger Feder, dass sein Witz nicht lustig ist? Jeden Augenblick konnte ausserdem seine Frau auftauchen und der Sache ein Ende bereiten. Ich erzählte einen schärferen Witz von einem anderen Sportler und meinte, dass ich Angst habe, sein Witz könnte im Vergleich zu diesem etwas abfallen. Roger verstand und erzählte mir einen zweiten Witz, der zum Glück etwas mehr Pfeffer hatte. Unmittelbar nach der Pointe trat seine Frau in die Garderobe. Sie war erstaunt, mich und einen Kameramann anzutreffen. Wahrscheinlich dachte sie, es handle sich um ein normales Interview. Doch bevor sie der Sache auf den Grund gehen konnte, machten wir, dass wir mit unserem Witz im Kasten verdufteten.

CHRISTIAN GROSS IM TREPPENHAUS

Der Fussballtrainer Christian Gross hat auf Frauen eine unglaubliche Wirkung, das ist bekannt. Ich konnte mich im Zürcher Kaufleuten selbst davon überzeugen. Er wurde von einer Schar aufgeregter Frauen belagert, die ungeduldig darauf warteten, ihn ansprechen zu können. Auch viele Frauen aus meinem Umfeld gestanden, dass sie diesen Mann sexy fänden und ihn gerne kennenlernen würden. Wenn man einen Abend mit Christian Gross im selben Raum verbracht hat, überlegt man sich tatsächlich, heimzugehen und sich den Schädel zu rasieren. Wenn man nicht wüsste, dass es damit wahrscheinlich nicht getan ist.
An einem Morgen, an dem ich früh zu Dreharbeiten musste, begegnete mir im Treppenhaus ein Mann, der einen langen Regenmantel trug. Als ich ihn grüsste, drehte er das Gesicht zur Wand und erwiderte den Gruss nicht. Ich blieb stehen und sah mir den Mann genauer an. Er wirkte abwesend. Er starrte zur Wand und auf den Boden.
»Entschuldigung, suchen Sie etwas?«, fragte ich. Ich wohne in der Altstadt und dort treiben sich allerlei kauzige Gestalten herum. Ich dachte, ich hätte es vielleicht mit einem Exhibitionisten zu tun, der sich ins Haus geschlichen hatte. Nun drehte sich der grosse Mann um. Es war Christian Gross. Wir waren beide überrascht. Das Treffen war höchst unerwartet.
  »Wohnst du hier?«, fragte er mich.
»Ja,« sagte ich, »in der Beletage. Aber was zum Teufel machst du hier?«
»Ich? Hm, was ich hier mache? Äh, nun ja, ich ... ich helfe jemandem beim Umziehen«, sagte er mit einem Augenzwinkern.
Ich musterte ihn erstaunt. »Wem hilfst du denn frühmorgens im Regenmantel beim Umzug? Hier im Haus zieht doch gar niemand aus

oder ein, und wenn, dann hätte es hier doch Schachteln und Möbel.«
»Ja, ja, das stimmt«, sagte er, und schien sich zu amüsieren, »ich muss nachher da im Laden gegenüber ein Paar Jeans kaufen.«
Tatsächlich befindet sich der Jeansladen VMC mehr oder weniger vor meiner Haustür.
»Der Laden öffnet erst in einer Stunde. Du willst doch nicht an diesem warmen Frühlingsmorgen in diesem düsteren Treppenhaus eine Stunde lang warten, bis der Jeansladen vis-à-vis öffnet?«
Er wollte. Ich überlegte, in welchem Bau der Fuchs geschlafen haben konnte. Die einzige alleinstehende Frau in meinem Haus ist Frau Hübscher im dritten Stock, aber die ist 83.
Christian Gross sah mir wohl an, dass ich mir so meine Gedanken machte, und versuchte darum, mich abzulenken. Er fragte mich, ob ich schon einmal in Basel im St. Jakob-Stadion gewesen sei, wo er mit seiner Mannschaft, dem FCB, unzählige Siege feierte. Ich nickte und musterte neugierig die Nachbarhäuser, um irgendwo ein Hinweis zu finden, auf wen er wartete.
»Nächste Woche spielen wir gegen YB. Das wird ein grossartiger Match. Soll ich dir zwei Billette schicken, mit Nachtessen in der Lounge?«, fragte mich Christian Gross.
»Ja sicher, das würde mich wahnsinnig freuen«, antwortete ich, ohne die umliegenden Häuser und Türen aus den Augen zu lassen.
Ich schaute auf die Uhr meines Natels und stellte fest, dass mich der Fahrer der Filmproduktion, der vor dem Theater Stok auf mich wartete, schon zweimal telefonisch daran erinnert hatte, dass ich spät dran war. Ich musste mich notgedrungen von Christian Gross verabschieden, ohne etwas in Erfahrung gebracht zu haben. Dieser schien sichtlich erleichtert.
Zwei Tage später bekam ich per Post zwei Tickets für das Heimspiel Basel gegen Bern. Ich sah, dass die Plätze Gott sei Dank nicht in der

Muttenzerkurve waren, also fuhr ich nach Basel, um mir den Match anzusehen. Doch wenn ich geglaubt hatte, dass ich ausserhalb der Basler Fankurve weniger Spott zu erdulden hätte, hatte ich mich getäuscht. Gross wusste sich geschickt für meine aufdringliche Neugier im Treppenhaus zu revanchieren. Die Basler Fussballfans rund um mich herum kannten neunzig Minuten lang kein Pardon: »Schaut mal, da kommt einer aus Zürich, der will richtigen Fussball sehen! Da stinkt etwas, riecht ihr es auch? Könnte das der Zürcher sein?« Wahrscheinlich hat sich Gross als Zürcher all diese Sprüche lange selbst Zeit anhören müssen.

IHR SIND IM FALL GANZ PRIMITIVI WIIBER!

Ein Veranstalter, heute würde man sagen ein Event-Manager, aus der Ostschweiz rief mich verzweifelt an. Er hatte eine Männerstriptease-Gruppe aus Österreich engagiert und in kurzer Zeit alle Eintrittkarten verkauft. Für ihn als Veranstalter sei das in seiner zwanzigjährigen Firmengeschichte eine Premiere. Nun sei aber ein Mann von der Behörde bei ihm aufgekreuzt und habe ihn darauf aufmerksam gemacht, dass es laut kantonaler Gesetzgebung verboten sei, entkleidete Männer öffentlich auftreten zu lassen. Der Veranstalter stand nun vor der Wahl: die Österreicher strippen lassen, aber dann würde dem Nachtclub das Patent entzogen; oder die Sache abzublasen und den Gästen die Tickets zurückzuerstatten. Ersteres war die Sache natürlich nicht wert, aber auch Zweiteres konnte er sich nicht leisten. In der Not frisst der Teufel bekanntlich Fliegen, und der Veranstalter hatte eine gute Idee: »Der Einzige, der dem weiblichen Publikum auf lustige Art mitteilen kann, dass die Stripper nicht auftreten werden, sind Sie, Herr Schlatter.« »Wie bitte? Ich soll vor zweihundert Frauen auftreten, die nicht mich, sondern eine Männerstrip-Gruppe sehen wollen?« Einen Moment lang glaubte ich, es handle sich um eines der bei ambitionierten Lokalradio-Moderatoren beliebten Jux-Telefonate. Doch dem Mann war es ernst. Ich sagte ab. Ich habe später erfahren, dass er mehr oder weniger jeden Berufskollegen für den Auftritt zu gewinnen versucht hat. Zugesagt hat schliesslich Almi, ein Komiker aus Basel. Ihn hatte ich im Kopf, als ich zusammen mit Patrick Frey den Bühnensketch »Der schlechteste Komiker« geschrieben und dann auch gespielt habe.
Einen Tag, nachdem der Männerstrip in der Ostschweiz hätte stattfinden sollen, rief ich Almi an und erkundigte mich nach dem Abend.

Es war so gekommen, wie ich es vermutet hatte. »Ich habe ein dreissigminütiges Programm vorbereitet. Als ich auf die Bühne kam«, berichtete Almi erschüttert, »haben die zweihundert Frauen gerade mal zwei Minuten zugehört. Dann haben sie mir im Chor zugerufen: ›Hose abe! Hose abe!‹« Sein Auftritt sei nach drei Minuten zu Ende gewesen. Mir schien das trotz allem, wenn auch nicht für Almi, eine lustige Situation zu sein. Und so schrieb ich für den Kinofilm *Komiker*, den ich mit Walter Bretscher erarbeitete, meiner Bühnenfigur Roni Beck dieselbe Szene auf den Leib.

Weil aber die Fiktion stets besser ist als das richtige Leben, verlässt Roni Beck im Gegensatz zu Almi die Bühne nicht deprimiert. Stattdessen lässt er vor den schreienden und pöbelnden Frauen seine Hosen herunter, streckt ihnen seinen Arsch entgegen und brüllt: »Ihr sind im Fall ganz primitivi Wiiber!« Der Satz ist in die Schweizer Filmgeschichte eingegangen. Roni Beck war eigentlich kein schlechter Komiker, nur ein erfolgloser Komiker. Er trat in seinem Programm als Securitas auf, der sich bei seiner Mutter illegal im Altersheim verstecken muss, weil das Geld für seinen Lebensunterhalt nicht aufbringen kann.

Die Szene vor den Frauen spielte ich natürlich in einer Securitas-Uniform. Die Kostümbildnerin hatte dafür bei der Medienabteilung der Securitas um eine Originaluniform gebeten und unser Drehbuch zur Durchsicht mitgegeben. Anstandslos erhielten wir die benötigte Uniform.

Am Tag, bevor die Szene gedreht wurde, geschah jedoch ein Missgeschick. Ich hatte meinem Freund Marco Boselli, der damals Journalist beim »Sonntagsblick« war, von den bevorstehenden Drehtagen in Luzern erzählt. Dabei hatte ich erwähnt, dass ich mich besonders darauf freute, weil wir in der Komödie zeigen, wie es zum Brand der Kappellbrücke gekommen ist. Als das Luzerner Wahrzeichen, eine beliebte Touristenattraktion, 1993 abbrannte, sorgte dies international für Schlagzeilen. Die Brandursache konnte jedoch nie vollständig geklärt werden.

In der Komödie, zwei Jahre später, behaupteten wir, die Ursache zu kennen. Marco fragte mich, wie wir den Brand im Film zeigen wollten. Züngelnde Flammen in den Film hineinzukopieren, war Anfang der 1990er-Jahre noch unbezahlbar. Der Regisseur Markus Imboden hatte bei der Vorbereitung viele Ideen, wie man den Brand möglichst echt darstellen könnte. Man hätte zum Beispiel hinter der Brücke, in sicherer Entfernung, ein Floss befestigen können, das im Bild nicht sichtbar war. Auf dem Floss hätte dann ein Scheiterhaufen gebrannt und die Kamera wäre so platziert worden, dass man in der Dunkelheit nur die Flammen über dem Brückendach und auf der Seite des Wasserturms gesehen hätte. Eine Rauchmaschine hätte für zusätzlichen Realismus gesorgt. Das alles hätte ich dem Journalisten nicht erzählen sollen. Nachdem in der Zeitung zu lesen war, dass wir den Brand zu reinszenieren gedachten, fürchteten die Verantwortlichen der Stadt Luzern um ihre neue Kappellbrücke. Deren aufwendiger, originalgetreuer Wiederaufbau und die Restauration der angeschwärzten Giebelbilder waren ebenfalls international gelobt worden.

Am nächsten Tag erschien die Produzentin Ruth Waldburger wütend auf dem Set. Für den Dreh auf der Kappellbrücke hatte sie von der Stadt Luzern erst eine mündliche, aber noch keine schriftliche Zusage erhalten. Sie befürchtete, der zuständige Beamte könnte diese nun aus Sicherheitsgründen zurückziehen. Eine der Schlüsselszenen des Films sei in Gefahr, nur weil ich meine Klappe nicht habe halten könne. Die nächste Szene, die anstand, war jene, in der ich vor zweihundert weiblichen Statisten die Hosen runterzulassen hatte. Das war für mich nicht gerade einfach, und ich war nervös. Dass ausgerechnet da, unmittelbar vor dieser schwierigen Szene, die Produzentin in meine Garderobe kam und mich das Fürchten lehrte, machte die Sache nicht einfacher. Nun gehört es zum Handwerk eines Schauspielers, für jedes Wort und jeden Satz die entsprechenden Emotionen zu suchen und diese beim Spiel auszuleben. Ich war wütend auf Ruth, weil sie mit ihrem Zusammenschiss nicht gewartet hatte, bis die schwierige Szene gedreht war. So nahm ich diese Wut in die Szene hinein. Die Wut des Roni Beck auf die zweihundert Frauen hätte echter nicht sein können. Für diese unglücklich glücklichen Umstände bin ich Ruth im Nachhinein dankbar.

Aber die Geschichte ging noch weiter. An diesem Morgen hatte Ruth Waldburger Sabine Gisiger mit zum Dreh gebracht. Sabine Gisiger arbeitete damals für das Nachrichtenmagazin »10 vor 10« und machte für die Sendung Kulturbeiträge. Sie sollte just an jenem Tag einen Beitrag über unseren Film drehen. Am Abend war dann im »10 vor 10« der Ausschnitt zu sehen, in der ich als Roni Beck in der Securitas-Uniform die Hosen herunterlasse und zweihundert Frauen anschreie: »Ihr sind im Fall ganz primitivi Wiiber!«

Natürlich schauten auch die Verantwortlichen der Securitas-Medienabteilung diesen Beitrag, und am nächsten Tag meldete sich bereits ein Anwalt bei Ruth Waldburger. Der Anwalt fand, das Image der Securitas werde in den Dreck gezogen, und bestand darauf, dass keine einzige Szene mit einer Securitas-Uniform im Film vorkommen dürfe. Wir hatten bereits 18 Drehtage hinter uns, fast die Hälfte des Films war im Kasten. Alles nachzudrehen, war finanziell nicht möglich, der Film wäre am Ende gewesen. Offenbar hatten die Leute von der Medienabteilung das hundert Seiten starke Drehbuch gar nie gelesen. Sie dachten wohl, wenn der Beat Schlatter einen Securitas spielt, dann wird das bestimmt lustig. So war es ja auch, nur nicht unbedingt wie sie sich das vorgestellt hatten.

Es ist nur dem Verhandlungsgeschick von Ruth Waldburgers Anwalt und vielen Freibilletten für die Securitas-Mitarbeiter zu verdanken, dass der Abbruch des Films verhindert werden konnte. *Komiker* wurde an den Kinokassen ein Erfolg, die Kappelbrücke steht noch, die Securitas hat den Imageschaden überlebt, und ich werde bestimmt nie mehr im Leben vor zweihundert Frauen die Hosen herunterlassen. Höchstens vor zwanzig.

POLTERABEND

Das Zürcher Niederdorf ist eine beliebte Ausgangsmeile. Wer hier lebt, ist sich einiges Spektakel von Vergnügungswilligen gewohnt. Besonders beliebt sind Polterabend-Gesellschaften, die in der Hochzeitssaison zwischen April und September ab Donnerstagabend regelmässig durch die Gassen ziehen. Die Teilnehmer sind dabei mehr oder weniger aufwendig verkleidet und stark oder stärker angetrunken. Ich persönlich finde diese Art organisierter Fröhlichkeit schrecklich, Polterabende sind mir ein einziger Albtraum.

Zu jener Zeit schrieb ich mit This Lüscher seit Monaten am Drehbuch *Supermax*. Der Film ist leider nie produziert worden. This wohnt in Amsterdam, und darum sassen wir bei der Arbeit fast immer in meiner Küche. This ist ein starker Raucher, und ich war es damals auch noch. Jedes Mal, wenn This abgereist war, musste ich die Küche neu streichen und die Vorhänge chemisch reinigen lassen, so stark waren die Rauchrückstände. Mein Vermieter, Beat Heuberger, war einmal drauf und dran, aufgrund des Rauchs, der beim Lüften aus unserem Fenster quoll, die Feuerwehr zu rufen.

Darum trafen wir uns auch mal im Freien, wenn es etwas zu besprechen gab. An diesem Tag wollten wir zu Fuss von Zürich nach Gockhausen spazieren und bei der Gelegenheit das Haus besichtigen, in dem This als Kind aufgewachsen war. Wir wollten sogar klingeln und fragen, ob wir das ehemalige Kinderzimmer anschauen durften.

Schon kurz nach der Stadtgrenze brauchten wir eine Pause. Wir setzten uns auf die grosse Terrasse der Wirtschaft Chäsalp, etwas abseits vom Trubel, um in Ruhe unser Projekt zu besprechen. Als wir gemütlich und entspannt vor der zweiten Stange sassen, kam eine hübsche

Frau an unseren Tisch. »Du Beat, da drüben sitzen zwölf weibliche Fans von dir, die einen Polterabend feiern und grad Chäsalp-Maggerone bestellt haben. Sie würden sich wahnsinnig freuen, wenn ihr dazusitzen würdet.«
Es war zwei Uhr nachmittags, wir hatten noch nicht zu Mittag gegessen, und This, finanziell auf dem letzten Zacken, war für eine warme Mahlzeit zu fast jeder Schandtat bereit. Und wir sagten uns, dass wir nach dem Essen ja gleich wieder verduften konnten. Wir setzten uns also zu der schon tüchtig aufgekratzten Frauenrunde und tranken so viel Weisswein, dass die Arbeit und das Kinderzimmer von This bald vergessen waren. Und als wir gefragt wurden, ob wir bei der Fortsetzung des Programms, auf dem acht Bars im Zürcher Niederdorf standen, dabei sein wollten, stimmten wir zu und bestiegen einen Kleinbus. Es wurde eine lange Nacht. Besonders in Erinnerung geblieben ist mir, wie This in einer Karaoke-Bar einer auf seinen Knien sitzenden Frau enthusiastisch das ganze Elvis-Presley-Repertoire vorsang. Irgendwann wurde in der Rheinfelder Bierhalle ein Halt eingelegt, um mit einem Cordon bleu zu »bödele« und so eine feste Basis für all die Flüssigkeit zu schaffen. Da trafen wir auf den Programmchef des SF DRS, der erfolglos versuchte, bei unserer Gruppe anzudocken. Wir waren alle sternhagelvoll, und auch die absurdesten Vorschläge von This und mir wurden begeistert aufgenommen. Die Frauen brachen schliesslich auf zu einer Landdisco irgendwo im Aargau. Wir als Hähne im Korb gingen, ohne zu zögern, mit. Die Frage war ja nur, ob wir bei dieser oder jener im Bett landen würden, darum machten wir uns über den Heimweg keine Gedanken. Aber dann war diese, etwas später jene verschwunden, und um vier Uhr morgens war keine der Frauen mehr zu sehen. Sie hatten uns gnadenlos stehenlassen, wahrscheinlich lagen die meisten bei einem Freund oder Ehemann im Bett. This und ich steckten irgendwo in der Pampa fest, hatten keine

Ahnung, wo wir waren, hatten keinen Rappen im Sack, und This war zudem die Brille abhandengekommen. Wir verliessen die Disco und folgten den erstbesten Geleisen, in der Hoffnung, früher oder später auf einen Bahnhof zu stossen. Nach einer gefühlten Ewigkeit fanden wir einen, irgendwann kam ein Zug und wir fuhren schwarz nach Zürich zurück.

Jahre später sprach mich auf einem Flug nach Madrid ein Geschäftsmann an. Er erzählte mir, ich hätte seinerzeit ausgiebig mit seiner Frau gepoltert.

EIN BLINDER,
EIN LAHMER UND ...

Wir hatten ein Problem. Einen Abgabetermin. Die Produzentin Ruth Waldburger erwartete die fünfte Fassung unseres Drehbuchs für den Film *Ferienfieber*.
Nur durfte This Lüscher aufgrund einer Erkrankung in den Handgelenken ein Jahr lang nicht schreiben, und mich hinderte eine Augenentzündung daran, mehrere Stunden hintereinander Kleingeschriebenes am Computer zu lesen.
Die Änderungen hatten wir im Kopf, und auch Handnotizen waren im Überfluss vorhanden, aber wir waren körperlich einfach nicht in der Lage, das Drehbuch am Computer zu bearbeiten. Es blieb nichts anderes übrig, als jemanden anzustellen, der die Änderungen für uns eintippte. This lebte schon lange in Amsterdam und kannte darum niemanden, der für den Job infrage kam. Also ging ich mein ganzes Adressbuch durch. Es gab zwar Leute, die interessiert waren, aber so kurzfristig konnten wir niemand finden, der Zeit hatte, die nächsten drei Wochen sechs bis acht Stunden am Tag unsere Ideen zu verarbeiten. Plötzlich fiel This dann doch jemand ein. Nur hatte diese Person keine Hände! Ich dachte, This mache einen blöden Witz über den Lahmen und den Blinden, zu denen sich noch einer ohne Hände gesellte.
Doch am nächsten Tag stand André Küttel vor der Tür. Er wollte den Job unbedingt haben. Wir waren natürlich sehr gespannt, wie er das ohne Hände machen wollte. Andreas Küttel hatte sich mit seinen beiden Armstümpfen eine Art Einfingersystem angeeignet, mit dem er zehnmal schneller war als ich mit meinem halbausgegorenen Zehnfingersystem. So diktierten wir ihm Tag für Tag unsere Änderungen. Ich die Dialoge, This die Regieanweisungen. Küttel tippte alles ab. An-

fangs arbeitete er wie eine veritable Chefsekretärin und gab brav alles ein, was wir ihm diktierten.

Vom dritten Tag an begann er, kritische Fragen zu stellen, und bereits ab dem fünften Tag gingen wir auf seine Anregungen und Feedbacks ein. Küttel war zu diesem Zeitpunkt noch Grafiker. Bei diesem Job wurde er erstmals zum Lektor, und mittlerweile verfasst er eigene Drehbücher und schreibt Pointen für Massimo Rocchi, Susanne Kunz, das Radio DRS 1 und das Schweizer Fernsehen.

WO SCHLAFEN SIE EIGENTLICH?

Walter Bretscher, ein guter Freund von mir, war Drehbuchautor. Wir haben zusammen die Drehbücher für die Filme *Katzendiebe* und *Komiker* geschrieben. Wir arbeiteten an der Komödie *Prinz Caduff*, als er starb.
Walter war ein Gümmeler. Er liebte es, auf seinem Rennvelo durch die Schweiz und über die Pässe zu fahren. Während wir an der Schlussfassung von *Komiker* arbeiteten – ich glaube, es war die zwölfte Fassung –, lebte Walter mit seiner Frau und ihrem Sohn in einem eben erst fertig gestellten Haus in Wädenswil. Eines Tages wollte sich Walter in kompletter Rennvelomontur auf sein Rad setzen und stützte sich dabei auf einem Pfosten des Gartenhags ab, um besser mit den Rennveloschuhen in die Halterungen der Pedale zu schlüpfen.
Er hatte aber nicht bedacht, dass dieser Pfosten vom Gärtner noch nicht richtig in den Boden geschlagen, sondern erst provisorisch aufgestellt worden war. Walter kippte mitsamt dem Rennvelo und dem Pfosten ins Gartenbeet und blieb dort mit einem dreifachen Beinbruch liegen. Es dauerte eine Weile, bis ihn jemand um Hilfe schreien hörte.
Doch es gab einen Silberstreifen am Horizont. Walter hatte sich von einem Versicherungsvertreter eine Police andrehen lassen, nach der ihm eine Therapie im 5-Sterne-Kurhotel Hof Weissbad zustand. Da der Drehtermin für *Komiker* bereits feststand, konnten wir unsere Arbeit nicht unterbrechen. Walter richtete in einem wunderschönen Zimmer sein temporäres Büro ein, und ich fuhr einen Monat lang jeden Morgen mit dem Zug von Zürich nach Weissbad und nach getaner Arbeit am Abend wieder zurück. Zwischendurch musste Walter eine Stunde in die Therapie. Ich setzte mich dann in die Hotellobby

und las eine Zeitung oder ein Buch. Natürlich hätte ich gerne im Hotel übernachtet. Aber einen Monat im 5-Sterne-Hotel zu verbringen, überstieg meine finanziellen Möglichkeiten bei Weitem.

Es war in der dritten Woche. Ich sass wieder einmal im Foyer des Hotels Hof Weissbad und las die Zeitung, während ich auf Walter wartete. Der Hoteldirektor Christian Lienhard kam vorbei und begrüsste mich wie jeden Tag sehr höflich.

»Herr Schlatter, schön Sie jeden Tag hier bei uns zu sehen«, sagte er unerwartet, »doch ich habe bemerkt, dass sie gar kein Zimmer bei uns reserviert haben. Wenn ich mir die Frage erlauben darf: Wo schlafen Sie eigentlich?«

Das war ein lustiger Zufall, denn der Film *Komiker* handelt genau davon, dass sich die von mir gespielte Hauptfigur Roni Beck illegal in einem Altersheim aufhält und man ihm genau diese Frage stellt. Wir schrieben das Drehbuch erfolgreich fertig.

Drei Jahre später wurde bei Walter ein bösartiger Gehirntumor entdeckt. Die lebensrettende Operation barg die Gefahr, dass er die Sprache verlieren oder die Bewegungsmotorik einbüssen könnte, wie ihm die Ärzte am Unispital erklärten. Walter hatte furchtbare Angst vor der Operation. Er tat mir leid, aber ich konnte ihm nicht helfen, ihn nur begleiten. Am Tag nach der Operation, als er aus der Narkose erwachte, besuchte ich ihn im Spital. Sein Kopf war eingebunden. Zusätzlich klebte oberhalb der rechten Augenbraue ein grosses Pflaster, das bis zur Schläfe reichte. Ausserdem war in seinem Spitalzimmer eine Krankenschwester postiert, die den Raum nicht verliess. Sie sass auf einem Stuhl und las in einem Magazin. Da die Krankenschwester auch nach einer halben Stunde immer noch stoisch auf ihrem Stuhl sitzen blieb und selbst, wenn wir über persönliche Dinge sprachen, nicht diskret verschwand, fragte ich Walter, ob er in die Cafeteria gehen wolle. Er wollte. Zu dritt schafften wir es, Walter in den Rollstuhl zu setzen, und ich konnte ihn durch die Spitalgänge zum Lift stossen. Die Krankenschwester war uns immer noch dicht auf den Fersen. Auf dem Gang begegneten wir einer Oberschwester, und ich hörte, wie diese zur Krankenschwester sagte, wenn Walter Besuch habe, dürfe sie gehen. Erleichtert, sie los zu sein, fragte ich Walter in der Cafeteria, was es mit dieser Krankenschwester auf sich hatte. Er deutete auf das Heftpflaster an seiner Schläfe und erzählte mir, dass er sich aus Angst vor den Folgen der Operation in der Nacht vom Balkon seines Zimmers habe stürzen wollen. Dabei sei er über einen Schlauch gestolpert und mit dem Kopf am Balkongeländer aufgeschlagen und bewusstlos liegengeblieben. Seither stehe er wegen Selbstmordgefahr unter Bewachung.

Nach der Operation wurde Walter nie mehr richtig gesund. Der Krebs breitete sich weiter aus. Wir schrieben noch vier Jahre zusammen weiter, aber sein Gesundheitszustand verschlechterte sich zusehends. Er musste immer öfter und jedes Mal länger ins Spital.

Walters Frau hatte sich in der Zwischenzeit von ihm getrennt. Er lebte allein und unter schwierigen Bedingungen in einer kleinen Wohnung. Es gab Freunde, die ihn finanziell unterstützten, allen voran der Musiker Dieter Meier und Jürg Woodtli, der Mitbegründer des Theaterspektakels. Drei Tage, bevor Walter starb, sass ich mit Ruth Waldburger an seinem Bett. Als ein Arzt das Zimmer betrat, wollten wir den Raum verlassen. Doch Walter sagte zu uns: »Bleibt da. Ihr könnt zuschauen, wie ich vor dem Arzt eine Pirouette tanze.« Walter war ein Komödienschreiber und hatte seinen Humor bis zum letzten Atemzug nicht verloren.

Die Beerdigung fand in der vollbesetzten St. Peterkirche statt. Ich wurde gebeten, über seine komische Seite zu sprechen. Das war für mich keine leichte Aufgabe, doch ich war überzeugt, dass Walter Freude daran hätte, wenn ich den Trauergästen eine Zusammenfassung unserer letzten Komödie *Prinz Caduff* vorlesen würde. Tatsächlich wurde dabei ausgiebig gelacht. Der Pfarrer wollte mich anschliessend engagieren. Er meinte, kaum einer traue sich, an einer Beerdigung die humorvollen Seiten des Verstorbenen anzusprechen, aus Angst, dessen Würde zu verletzen. Dabei könne Humor durchaus helfen, den Tod zu akzeptieren.

DER WAHRE KÖNIG VON ENGLAND
IST EIN BÜNDNER

In England hatte sich das Leben von Prinz Charles, nach seinem letzten Routinebesuch bei seinem Vertrauensarzt, auf einen Schlag verändert. Er habe höchstens noch ein halbes Jahr zu leben, eröffnete ihm der Arzt. Falls er noch etwas in Ordnung zu bringen habe, solle er das am besten gleich in Angriff nehmen. Prinz Charles ging in sich und flog zwei Tage später bei Nacht und Nebel, ohne jemandem etwas zu sagen, mit seinem Privatjet nach Klosters.

Als er in jener Nacht an der Türe der Familie Caduff klingelte, war kaum jemand auf diese Begegnung vorbereitet. Die 62-jährige Flurina Caduff öffnete die Tür und traute ihren Augen nicht. Vor ihr stand der Prinz von Wales.

»Charles, wir haben abgemacht, dass du nie hier auftauchen wirst,« flüsterte sie unter der Tür, damit Konradin, ihr kranker Mann, der vor dem Fernseher sass, sie nicht hören konnte. »Es ist aber sehr wichtig«, flüsterte Charles auf Englisch zurück, »ich möchte, dass mein Sohn die Wahrheit erfährt.«

»Wer ist da?«, rief Konradin aus der heimeligen Bündnerstube.

»Die Nachbarin, sie hat sich einen Nerv eingeklemmt, ich muss kurz fort und ihr helfen.«

Hinter dem Haus bekamen Prinz Charles und Flurina Caduff Streit wegen ihres Abkommens, das sie vor 38 Jahren miteinander getroffen hatten. Flurina hatte vor vielen Jahren in einem Fondue-Stübli als Serviertochter gearbeitet. Sie war damals mit Konradin verlobt und stand kurz vor der Heirat. Charles war in jener Zeit in Klosters in den Skiferien und verbrachte die Abende meistens in diesem gemütlichen Fondue-Stübli. Als es an einem dieser Abende spät wurde und beide viel getrunken hatten, kam es im Käsekeller, zwischen dem Fribourger Vacherin und dem Gruyère, zu einem folgenreichen Ausrutscher.

Als der Knabe Tschönsch neun Monate später zur Welt kam, glaubten alle, er sei von Konradin. Flurina wollte es auch so haben, weil sie Konradin liebte. Mit Charles kam sie überein, dass niemand von der Sache erfahren dürfe und sie auf sämtliche Alimente verzichten wolle.

Als Flurina von Charles Gesundheitszustand erfuhr, erschrak sie und gab seinem letzten Wunsch nach. Flurina im Wintermantel und Charles mit einem Schal und einer Mütze auf dem Kopf stapften durch die kalte Winternacht zur Werkstatt, in der Tschönsch meistens noch bis spät in die Nacht irgendetwas chlüterte. Als Tschönsch Caduff in seiner Sanitärinstallateur-Bude seine Mutter mit Prinz Charles vor sich stehen sah und den beiden zuhörte, wie sie die Worte kaum über die Lippen brachten, fiel Tschönsch der Hammer aus der Hand und mit einem lauten Knall auf ein Abflussrohr, an dem er gerade gearbeitet hatte.

»Was! Ist das wirklich wahr?«, rief er aus.

Seine Mutter nickte. »Konradin darf das auf keinen Fall erfahren. Niemand im Dorf darf davon wissen«, sagte sie zu ihrem Sohn. »Ich liebe Konradin. Mit seinem schwachen Herz würde er diese Schmach kaum überleben.«

Tschönsch schaute in seiner Werkstatt in einen Spiegel und hatte endlich eine Erklärung für seine leicht abstehenden Ohren.

Als Charles sich wieder auf dem Heimweg nach England befand, fing Tschönsch an zu rechnen. »Wenn das so ist«, dachte er, »bin ich ja älter als sein Sohn William, also nach Adam Riese der wahre Thronnachfolger von England. Ich will also für dieses Amt bereit sein, wenn die Zeit reif wird.« Tschönsch Caduff schloss seine Sanitärinstallateur-Bude für immer. Mit seinem wenigen Ersparten besuchte er einen Englischkurs und lernte Polo spielen. Er hörte auf zu fluchen und bemühte sich um eine vornehme Sprechweise. Er ass nur noch mit Silberbesteck und lernte aus Magazinen und Büchern die Vornamen sämtlicher Royals auswendig. Das alles tat er hinter dem Rücken seines Stiefvaters Konradin. Die Dorfbewohner von Klosters beobachteten die Veränderung von Tschönsch mit grossem Unverständnis. Einige lachten ihn aus. Als er statt wie gewohnt in seinem blauen Overall plötzlich in Kaschmirseide gekleidet über den Dorfplatz spazierte, riefen sie ihn nicht mehr Tschönsch, sondern: »Lueg, da chunt de Schönscht!« Tschönsch wurde von den Dorfbewohnern von Tag zu Tag mehr als Spinner abgestempelt. Tschönsch litt sehr darunter, niemandem eine klärende Antwort auf seine Veränderung geben zu können. Eines Morgens ging er zu seiner Mutter und bat sie: »Mutter, wir müssen Konradin die Wahrheit sagen. Er war mir ein guter Stiefvater, er hat es nicht verdient, mit dieser Lüge irgendwann ins Jenseits zu gehen. Und ich will im Dorf nicht länger ein Trottel sein.«

»Nur über meine Leiche!«, gab ihm seine Mutter zur Antwort. »Konradins schwaches Herz würde diesen Schock nicht überleben. Lieber will ich mit ihm noch ein paar Jahre zusammen sein, als dass er morgen mit der Wahrheit stirbt.«

Mutter und Sohn stritten an dem Tag lange miteinander. Schliesslich ging Tschönsch trotzdem in Konradins Kammer und erzählte ihm, was ihm Prinz Charles bei seinem Überraschungsbesuch in seiner Werkstatt berichtet hatte. Doch statt einen Herzanfall zu erleiden, freute sich der alte Konradin richtiggehend. Er sah schon vor sich, wie er von nun an nicht mehr auf seinem alten Sofa sitzen, sondern in einem Seidenbett im Westflügel des Buckingham Palace seine Morgenzeitung lesen würde. Er spürte, wie bei solchen Gedanken sein schwaches Herz zu Kräften kam. Er sagte zu seiner Familie: »Wir fahren nach England, so lange Charles noch am Leben ist, und fordern von den Windsors ein, was uns zusteht.« Schon am nächsten Tag packte die Familie Caduff ihre Koffer und bestieg das Flugzeug nach London.

In den Buckingham Palace wollte man die Caduffs nicht hereinlassen. Sie erfuhren, dass Prinz Charles krank war. Dem Sicherheitspersonal gab Tschönsch seine Karte mit ein paar handgeschriebenen Zeilen und der dringlichen Bitte, diese seinem leiblichen Vater zu überbringen. Nach kurzem Warten wurden sie zum Prinzen vorgelassen, der sich über den Besuch der Familie freute. Charles und Tschönsch verbrachten die restliche Zeit des Tages zusammen und verstanden sich prächtig. Als die Familie Caduff am darauffolgenden Tag beim Five-o'Clock-Tea ihr Anliegen um die Thronnachfolge ansprach, musste der Prinz laut lachen und winkte ab. »Tschönsch, du hast nicht die geringste Chance auf die Thronfolge.«
Tschönsch und seine Familie glaubten das erst drei Tage später, als ihnen Charles' Anwälte die heikle Sache juristisch erklärten. Von den Windsors bekam die Familie jedoch ein schönes Landhaus in der Nähe von London mit eigenem Dienstpersonal. Konradin und Flurina freuten sich riesig darüber und führten von da an ein Leben in Saus und Braus. Nicht so Tschönsch. Seine Geschichte und sein Leben wurden mittlerweile von der Weltpresse gnadenlos ausgeleuchtet. Jeder noch so unbedeutende Schritt wurde mit grossem öffentlichen Interesse verfolgt. Für Tschönsch war das die reinste Hölle. In einer nebligen Londoner Nacht floh er heimlich aus der Stadt und fuhr nach Klosters in seine alte Werkstatt zurück. Er trägt heute wieder, wie einst, seinen blauen Overall, sitzt manchmal in seiner Stammbeiz, bestellt ein Bier und flucht wieder wie früher vor sich hin.

Natürlich hätte es auch noch eine Liebesgeschichte geben sollen, aber darüber, wie diese genau funktionieren sollte, waren Walter und ich uns noch nicht im Klaren.

Beat Schlatter, Foto für *Tages-Anzeiger*-Interview, 2010.

Beat Schlatter, Pause während der Dreharbeiten, 1991.

Aus dem Kurzfilm *Alptraum. Ein Fussballdrama* von This Lüscher, 2007.

Porträt von Anton Bruhin, 1994. (Detail)

Porträt von Hans Stalder, 1994.

DER HUNDESCHWINDEL

Anfang der 1980er-Jahre war ich Schlagzeuger bei der Frauen-Punkband Liliput. Lange Zeit war ich der einzige Mann dieser Truppe. Das änderte sich, als der Freund der Bassistin Klaudia Schifferle uns auf unseren Touren durch Deutschland, Österreich und Frankreich begleitete. Er trat auch als Vorprogramm von Liliput auf. Sein Name war Stephan Eicher. Aus dieser Begegnung entstand dann die Band »Die Reisenden«, zusammen mit Max Frei und Markus May. Der Name bezog sich auf Iggy Pops grossartigen Song *The Passenger*. Die bekannte Melodie des Refrains war denn auch immer unser Eröffnungslied: »Wir sind die Reisenden ...« Einen Sommer lang waren wir in Italien als Strassenmusiker unterwegs. Stephan hatte sich mit dem Geld, dass er bei Grauzone – ja, die mit dem Hit *Eisbär* – verdient hatte, einen alten Renault gekauft. Er nannte ihn zärtlich René, und er diente uns als Tourbus. Abgesehen von diesem Fahrzeug waren wir ziemlich mittellos. Wenn tatsächlich mal etwas Geld im Hut lag, investierten wir es nicht in eine nette Hotelunterkunft, sondern in einen Laib Käse und eine Flasche Grappa. Als Schlafstätten dienten uns kleine Zweierzelte. Kaum fing es an zu regnen, zeigte sich, warum sie so wenig gekostet hatten.
Wir waren nicht sonderlich erfolgreich. Ein Wendepunkt für unsere Karrieren sollte *Der Hundeschwindel von Moskau* werden. Die Punkbewegung war Anfang der 1980er-Jahre im Umbruch. Man suchte nach neuen Ausdrucksmöglichkeiten. Zu jener Zeit pilgerte die Zürcher Kunst- und Musikszene regelmässig in die Innerschweiz, nach Stans, Engelberg und Wolfenschiessen. Auch ich war dabei. Im Parkhotel Eintracht in Wolfenschiessen trat ich mit verschiedenen Punkbands auf, darunter mit TNT, Ladyshave, Sperma, Liliput und eben auch Die

Reisenden. Organisatoren der Stanser und Wolfenschiesser Aktivitäten waren Pier Geering und Martin Hess. Gemeinsam mit Klaudia Schifferle initiierten sie das Musical-Theater *Der Hundeschwindel von Moskau*, das im April 1983 in Stans uraufgeführt wurde. Die Rollen durften wir Akteure uns selbst auswählen, und die Story folgte keinem im Voraus festgelegten Buch, sondern wurde vor Ort entwickelt und basierte mitunter auf ganz persönlichen Erlebnissen und Einfällen. Stephan Eicher mimte Max Osterwalder, einen Barpianisten. Diesen gab es wirklich, er spielte in der Bar Splendid im Zürcher Niederdorf, wo wir oft versumpften.

Ich spielte einen Detektiv und schrieb meine Rolle gleich selbst. Es war das erste Mal, dass ich selbst Texte schrieb und damit als Schauspieler auftrat. Der Auftritt war ein Erfolg. Es gab viele Lacher, und ich war überrascht, wie gut meine Rolle ankam. Ich staunte, dass ich mit so wenig Aufwand so viel Resonanz erzeugen konnte. Da lag ein grosses Potenzial, das spürte ich. So stellte ich auf einmal meine Identität als Musiker infrage, an die ich bis dahin hundertprozentig geglaubt hatte. Mir wurde schnell klar, dass sich mir mit dieser Art der Bühnenarbeit viel mehr Möglichkeiten zum Auftreten bieten und dadurch neue Einnahmequellen erschliessen würden. Dazu wäre es erst noch viel weniger anstrengend, weil das ewige Verstärkerschleppen, das Auf- und Abbauen des Schlagzeuges wegfallen würde. Dachte ich.

Ich wurde bald eines Besseren belehrt. Auch für die Schauspielerei muss man viel herumschleppen, wie sich später beim Kabarett Götterspass zeigen sollte.

Für Stephan Eicher entstand aus der Begegnung mit Martin Hess eine höchst fruchtbare und erfolgreiche Zusammenarbeit, er ist noch immer einer der erfolgreichsten Musiker der Schweiz.

Meine Musikerkarriere endete wenig später. Ich wurde Komiker und Schauspieler und bin es bis heute geblieben.

DIE GEFÜLLTE KALBSBRUST

Während der erfolgreichen Aufführungen des *Hundeschwindels von Moskau* lernte ich Anja Benz kennen. Sie gehörte zu den ersten Punks, die eine feste Anstellung hatten – sie arbeitete ausgerechnet im Büro der noblen Modeboutique Grieder –, und lebte in einer 2,5-Zimmer-Wohnung in einem Mehrfamilienhaus in Dübendorf. Ausserdem hatte sie ein Auto und nahm die Antibabypille. Kurzum, in dieser Frau fand ich einfach alles, was ich immer schon gesucht hatte.
Doch tagsüber wurde mir schnell langweilig, ich hatte ja nichts zu tun. So kam ich auf die Idee, die 2,5-Zimmer-Wohnung in ein Kleintheater zu verwandeln. Das Bühnenpodest lieh ich in der Roten Fabrik, Tische und Stühle besorgte ich mir nachts in den Gartenbeizen. Für den Transport wurde ihr Fiat Panda, bei dem sich das Dach öffnen liess, total überladen.
Anjas Mutter nähte rote Vorhänge, die später noch fünf Jahre lang in meinem Schlafzimmer hängen sollten. Als Scheinwerfer dienten billige Baulampen, die wir an die Decke schraubten. Aus dem Schlafzimmer wurde die Garderobe. Mein erstes Bühnenprogramm wollte ich im Stil eines klassischen Variétés zusammenstellen. Es sollte ungefähr so werden wie in der Haifisch-Bar in Zürich, einfach ohne Striptease-Einlagen. Stephan Eicher und ich sassen Abend für Abend in der Haifisch-Bar und träumten davon, einmal als »Die Reisenden« in diesem Lokal auftreten zu dürfen. Wir fragten den Wirt und erhielten natürlich eine Absage. Für die Dübendorfer Vorstellungen in Anjas Wohnung wurde kein Eintritt verlangt, die Getränke hingegen mussten bezahlt werden. Wenn ich all meine trinkfreudigen Freunde einlade, dann rentiert die Sache bestimmt. Dachte ich.

Nun galt es nur noch die Frage zu klären, welches Stück auf der Bühne gezeigt werden sollte. Ich besorgte mir also ein Buch mit dem Titel *Wie schreibe ich einen Sketch*. Darin fanden sich der Einfachheit halber auch bereits fertig geschriebene Sketches. Kurzentschlossen entschied ich mich für »Die gefüllte Kalbsbrust«.

Es geht darin um einen Schauspieler, der unbedingt eine bestimmte Rolle ergattern will. Um diese zu bekommen, lädt er den Theaterdirektor zu sich nach Hause ein. Dieser jedoch sträubt sich, und erst als der Schauspieler von der gefüllten Kalbsbrust schwärmt, die seine Frau so vorzüglich zuzubereiten wisse, ist der Direktor bereit, der Einladung zu folgen.

Als der Schauspieler seiner Frau die freudige Nachricht verkündet, ist sie empört. Sie kann überhaupt keine Kalbsbrust zubereiten. Wie er sich das vorstelle, verlangt sie zu wissen. Der Schauspieler hat sich das natürlich überlegt und erwidert: »Du lässt in der Küche einfach unmittelbar vor dem Auftragen die Schüssel fallen. Wenn du uns dann bestürzt das Malheur mitteilst, werde ich dir spontan antworten: ›Halb so schlimm, dann gibt es halt Wienerli.‹«

Für diesen Sketch brauchte ich zwei Bühnenpartner. Die Frauenrolle musste Anja übernehmen, und als Theaterdirektor wollte ich Patrick Frey gewinnen. Wir hatten uns beim *Hundeschwindel von Moskau* kennengelernt. Ursprünglich wollte er nur als Theaterkritiker über das Stück berichten. Doch dann fiel ein Schauspieler aus und Patrick sprang für ihn ein. So übernahm er gleich zwei Rollen in dem Musical: Er spielte einen Hotelier und eine Laterne.

Als ich Patrick den Sketch vorlas, verzog er keine Miene. Trotzdem war er bereit mitzuspielen, jedoch nicht, ohne mir vorher ausführlich darzulegen, dass er während seiner Internatszeit vor allem Stücke des britischen Theaterautors Harold Pinter – der 2005 den Nobelpreis gewann – aufgeführt hatte.

Wir spielten das Stück mehrmals vor vollen Rängen. Gut, das war nicht schwer, die Wohnung war schnell mit Zuschauern gefüllt, die meisten waren Bekannte. Wir engagierten zusätzlich noch andere Schauspieler und Musiker, die in wechselnder Besetzung für Unterhaltung sorgten. Das Programm war jeden Abend ein anderes. Natürlich konnte die Idee einer fixen Theatereinrichtung in einem Mehrfamilienhaus auf die Dauer nicht funktionieren. Nach rund drei Monaten stellten wir den Betrieb ein.
Patrick Frey und ich machten aber weiter. Wir begannen, eigene und lustigere Sketchs zu schreiben. Es war der Beginn einer langjährigen erfolgreichen Zusammenarbeit und die Geburtsstunde des Kabarett Götterspass.

OCHSENTOUR

Die ersten acht Jahre unterwegs mit dem Kabarett Götterspass waren eine Ochsentour. Die Gagen waren tief, und entsprechend mussten wir den Aufwand möglichst gering halten. Das Bühnenbild, sämtliche Requisiten und die Kostümkoffer stapelten wir auf das Dach von Patricks altem Citroën und befestigten alles mit Gummiseilen. Die Dachladung war etwa doppelt so hoch wie das Auto selbst. Bei starkem Regen legten wir eine Plastikblache darüber, die aber nie richtig hielt, auf der Autobahn laut flatterte und knatterte und meistens unterwegs in Stücke zerfetzt wurde. Die anderen Verkehrsteilnehmer vermuteten in uns wohl eine Migrantenfamilie, die mit ihrer ganzen Habseligkeit in eine neue Heimat zog. Jahrelang fuhren wir mit dieser Bagage auf dem Dach von einem Auftritt zum nächsten, im Sommer über Landstrassen und im Winter über Passstrassen, notabene mit Sommerpneus. Einmal fiel bei einer Fahrt über den Julier der Scheibenwischer aus. Patrick und ich mussten abwechslungsweise den Kopf aus dem Seitenfenster halten, um den Wagen über den Pass zu navigieren. Es grenzte fast an ein Wunder, dass wir ohne Unfall oder abgefrorene Ohren am Auftrittsort ankamen. Im Winter spielten wir oft am Freitag und Samstag für Kost und Logis in billigen SSR-Hotels in Davos, St. Moritz und Scuol. Nach dem Nachtessen bauten wir im Speisesaal eine Bühne auf und spielten unser Programm für die einheimischen Freaks und die Hotelgäste. Die Verpflegung bestand hauptsächlich aus Pasta an verschiedenen Saucen, für die Unterkunft wurden uns die miesesten Zimmer zur Verfügung gestellt. Einzelzimmer gab es nie. Wir schliefen auf durchhängenden Betten in Vierer- und Sechserschlägen mit anderen Hotelgästen, die wir nicht kannten. So war es auch im damals schon legendären Hotel

Bolgenschanze in Davos. Nach dem Auftritt zog ich mit einer Gruppe von Leuten weiter in eine Bar und kehrte erst um vier Uhr morgens in mein Zimmer zurück. Als ich betrunken ins Bett sinken wollte, musste ich feststellen, dass darin bereits ein unbekannter Mann lag. Er war nicht minder betrunken und partout nicht wach zu kriegen. Mir blieb nichts anderes übrig, als mich auf das schmuddelige Sofa im Foyer zu legen. Schon zwei Stunden später gingen die ersten Hotelgäste mit ihren Skiausrüstungen an meiner Schlafstätte vorbei.

Ein andermal erwachte ich, weil ich im Zimmer ein leises Plätschern hörte. Im Halbschlaf überlegte ich, woher das Geräusch kommen konnte, da das Zimmer weder über ein Lavabo noch über eine Toilette verfügte. Beides befand sich auf dem Gang. Ich drehte mich langsam im Bett um und sah, wie ein Jugendlicher, einer unserer Zimmergenossen, einen halben Meter von dem Stuhl entfernt, auf dem meine Kleider lagen, an die Wand schiffte. Ich sprang auf und warf ihn aus dem Zimmer in die kalte Winternacht hinaus.

Ein andermal waren wir im Spätsommer für einen Privatauftritt vor den Mitarbeitern eines Reiseunternehmens auf der Insel Ufenau gebucht. Wir mussten unsere Koffer und Requisiten vom Dach des Citroëns auf ein Motorboot umladen, das uns auf die Insel brachte. Nach unserem Auftritt mischten wir uns unter die Gäste des Firmenfestes. Wir gingen als Letzte nach Hause. Vier Tage später, als wir für den nächsten Auftritt in Herisau den Citroën laden wollten, merkten wir, dass die drei Koffer mit den Bühnenkostümen fehlten. Erst nach längerem Überlegen kamen wir darauf, dass wir die Koffer wohl im Restaurant auf der Insel Ufenau vergessen hatten und riefen den Wirt an. Doch dort waren die Koffer nicht gefunden worden. Wo konnten die Koffer sonst sein? Mit fiel ein, dass Susi Eberle in Wädenswil ganz in der Nähe des Bootstegs wohnte. Ich rief sie an und bat sie, nachzusehen, ob unsere Koffer etwa noch auf dem Bootsteg stünden. Keine halbe Stunde später meldete sich Susi zurück. Mein Verdacht hatte sich bestätigt. Die Koffer waren tatsächlich auf dem Bootssteg zurückgeblieben, wo sie vier Tage lang im Regen gestanden hatten. An diesem Abend spielten wir in pflotschnassen Kostümen.

BÜHNENTAUSCH

Trotz der Episode in Liestal gastierte das Kabarett Götterspass wieder in Basel. Wir waren unterdessen einiges bekannter geworden und traten im Theater der Familie Rasser auf. In diesem Haus gibt es zwei Bühnen: das Tabourettli und das Fauteuil. Meistens werden beide bespielt, und die Vorstellungen beginnen um dieselbe Zeit. Die beiden Bühnen verfügen jedoch nur über eine gemeinsame Garderobe. Das brachte uns auf eine Idee.
An dem Abend, an dem wir auftreten sollten, spielte Pippo Pollina auf der anderen Bühne, auch er vor ausverkauftem Haus.
In der Garderobe, wo wir alle beisammen sassen, hatten wir es sehr lustig. So beschlossen wir, ohne lange zu überlegen, die Bühnen zu tauschen. Kabarett Götterspass sollte also mit *Der Betriebsanlass* vor dem Publikum auftreten, das den italienischen Liedermacher erwartete, und umgekehrt Pippo vor unseren Basler Fans.
Ohne uns irgendetwas anmerken zu lassen, begannen wir auf der falschen Bühne zu spielen. Ganz am Anfang war im Zuschauerraum noch leises Tuscheln, nervöses Rascheln und aufgeregtes Husten zu hören, doch schon bald legte sich die Unruhe und das Publikum begann, sich auf unser Stück einzulassen. Die ersten Lacher kamen. Wir hätten das Stück wohl bis zum Schluss ohne grössere Proteste aus dem Publikum durchziehen können. Dennoch lösten wir nach einer Viertelstunde die Verwechslung auf und begannen unser Programm auf der richtigen Bühne nochmals von vorne.

BEAT SCHLATTER AN UDO-JÜRGENS-KONZERT VERHAFTET

Diese Schlagzeile wäre beinahe gedruckt worden. Zum Glück nur beinahe. Das kam so: Ich war als bester Schauspieler für den Prix Walo nominiert. Im Verlauf der Veranstaltung fragte mich eine Journalistin, nennen wir sie Anita, einer Schweizer Wochenzeitung für ein Interview an. Ich sagte zu, gab ihr meine Natel-Nummer und bat sie, mich wegen des Gesprächtermins anzurufen. Zwei Tage später rief sie tatsächlich an, meinte aber, ihre Chefin sei der Ansicht, das letzte Interview in ihrem Blatt liege noch nicht lange genug zurück. Ich konnte mich zwar nicht genau daran erinnern, wann ich zuletzt für diese Zeitung ein Interview gegeben hatte. Es musste aber mindestens fünf Jahre her sein. Doch wenn die Redaktion das so entschieden hatte, hatte ich das zu akzeptieren, bedauerte aber die Absage.
Drei Tage später bekam ich per Expresspost drei A4-grosse, hochglänzende Fotografien, auf denen die 33-jährige, blonde Journalistin Anita vorteilhaft abgebildet war. Ich wusste nicht, was ich davon halten sollte, und legte die Bilder auf den Stapel mit der unerledigten Post. An diesem Abend kehrte ich nach einem Auftritt in Buchs bei St. Gallen erst spät in meine Wohnung zurück. Gegen halb zwei Uhr morgens klingelte mein Mobiltelefon. Ich nahm ab. Anita war dran und fragte, ob ich ihre Fotos erhalten habe. Ich bejahte und bedankte mich. Sie fragte, was ich gerade mache. Ich sei im Begriff, ins Bett zu gehen, antwortete ich wahrheitsgemäss. Sie sagte, sie liege bei sich zu Hause, in Solothurn, ebenfalls im Bett. Sie habe kein Höschen an. Dann begann sie ausführlich zu erzählen, wie es unter ihrem Höschen, das sie nicht trug, aussah. Vielleicht hörte ich ihr etwas länger zu, als es

sich in einer solchen Situation geziemt hätte, ich bin ja auch nur ein Mann. Auf alle Fälle ermutigte das die Journalistin, in der nächsten und übernächsten Nacht erneut anzurufen und mir immer wieder ausführlich zu schildern, wie es unter ihrem Höschen aussah. Da ich dies nun langsam wusste, bat ich sie, mich nicht mehr anzurufen.

Sie tat es trotzdem. So drohte ich eines Nachts, dass ich ihre Chefin informieren würde, wenn sie mich nicht in Ruhe liess. Das wirkte, und fortan hatte ich Ruhe.

Ein halbes Jahr später rief sie wieder an, diesmal am Vormittag, und sagte, es sei geschäftlich. Sie hatte inzwischen die Stelle gewechselt und arbeitete nun für eine Innerschweizer Tageszeitung. Sie wollte anlässlich des 14-tägigen Gastspiels von *Der beliebte Bruder* im Kleintheater Luzern ein grosses Interview machen. Ich klärte Patrick über meine Vorgeschichte mit ihr auf. Trotzdem beschlossen wir, das Interview zu machen, das eine gute Promotion für unser Stück sein würde. Für das Gespräch trafen wir uns in der Caféteria der Badi Utoquai und machten anschliessend Fotos mit dem Zürichsee als Hintergrund. Die Sache fand an einem Freitagnachmittag statt. Eine Stunde nachdem wir uns verabschiedet hatten, erhielt ich ein SMS von ihr: »*Schade, sind wir nach dem Interview nicht mehr zusammen etwas trinken gegangen!*« Ich schrieb zurück: «*Ich habe dir doch gesagt, dass ich für das Interview nur zwei Stunden Zeit habe.*«

An diesem Abend hatte ich Gäste eingeladen und das Natel war ausgeschaltet. Ihre Flut von SMS, die sie mir in dieser Nacht geschickt hatte, entdeckte ich erst am nächsten Morgen: »*Ich bin enttäuscht von dir!*«, »*Du machst auf stumm!*«, »*So kannst du dich nicht aus der Schlinge ziehen!*«, »*Wenn du dich so mies verhältst, werde ich das Interview nicht schreiben.*«

Am Montagmorgen rief ich bei der Zeitung an und fragte nach dem Chef der Abteilung Kultur und Gesellschaft. Ich erzählte ihm von dem

Interview mit seiner Journalistin und dass sie es nun nicht schreiben wolle, weil ich mit ihr nach dem Gespräch nicht privatisiert hatte. Er versprach, mich zurückzurufen, sobald er mit ihr darüber gesprochen habe.

Eine Stunde später kam der Anruf. Anita habe ihm erzählt, Patrick Frey und ich hätten uns unter der Gürtellinie über andere Menschen geäussert, deshalb sei das Interview nicht druckbar. Ich fragte ihn, ob wir uns das Tonband von dem Interview gemeinsam anhören könnten. »Nein, Anita hat das Gespräch bereits gelöscht«, war seine Antwort. Den Vorschlag, das Interview mit einem unbefangenen Journalisten zu wiederholen, lehnte er ab. Damit war die Sache gestorben.

Ein Jahr später rief mich Anita aus heiterem Himmel an. Sie entschuldigte sich und bedauerte die unangenehme Sache mit der Innerschweizer Zeitung. Die Sache sei ihr gar nicht recht, und sie wolle sie wieder gutmachen. Dazu biete sich eine einmalige Gelegenheit. Ich bereute bereits, den Anruf entgegengenommen zu haben. »Ich habe vier VIP-Tickets für das Udo-Jürgens-Konzert am kommenden Samstag im Hallenstadion«, sagte sie, »hast du Lust, mich und meine Eltern zu begleiten? Mit den VIP-Tickets können wir nach dem Konzert sogar backstage mit Udo Jürgens anstossen.«

Über dieses Angebot brauchte ich zum Glück gar nicht erst nachzudenken. Um keinen Preis wollte ich mit ihr und ihren Eltern einen Abend verbringen, und mit Udo Jürgens lockt man einen ehemaligen Punk auch nicht hinter dem Ofen hervor. Vor allem hatte ich an jenem Abend selbst einen Auftritt in Münchenbuchsee, sodass ich eine wasserdichte Ausrede hatte.

Am nächsten Morgen stach mir an meinem Kiosk am Predigerplatz die Schlagzeile des »Sonntagsblicks« ins Auge: »Morddrohung gegen Udo Jürgens! Blonde Solothurnerin wird mit ihren siebzigjährigen Eltern am Konzerteingang verhaftet.« Mir schwante etwas. Nachdem ich den Artikel gelesen hatte, rief ich Anita an. Mit einer seltsamen Mischung aus Verlegenheit und Stolz erzählte sie mir, was für einen Blödsinn sie gemacht hatte. Wie sie zur Mobiltelefonnummer von Udo Jürgens gekommen war, weiss ich nicht. Aus ihren Schilderungen konnte ich schliessen, dass Udo Jürgens' Interesse an ihrer Anatomie weit über deren Beschreibung am Telefon hinausgegangen war.

Die vier Freikarten für sein Zürcher Konzert hatte sie von seinem Management bekommen. In den Tagen vor dem Konzert hatte sie Udo Jürgens mehrere SMS geschrieben und ihn aufgefordert, sich nach dem Konzert mit ihr zu verabreden. Udo Jürgens wollte nicht. Worauf sie sich zu der Dummheit hinreissen liess, ihm eine SMS-Nachricht zu schreiben, in der sie drohte, mit einer Pistole an sein Konzert zu kommen. Am Eingang wurde sie zusammen mit den ahnungslosen Eltern von der Polizei abgefangen. Sogar die deutsche und die österreichische Boulevardpresse schrieben darüber.

Vor meinem geistigen Auge sah ich die Szene, wie ich zusammen mit ihren Eltern verhaftet werde. Und auch die entsprechende Schlagzeile konnte ich mir lebhaft vorstellen.

DIE LAUTEN BUMSER VON ZÜRICH

Als ich in meine Wohnung in der Zürcher Altstadt zog, wohnte über mir ein Pärchen. Sie waren jung, sie waren verliebt und zwei Mal die Woche gaben sie sich dieser Liebe auf sehr laute Art und Weise hin. Wie es sich gehört, ging ich kurz nach dem Einzug von Tür zu Tür und stellte mich als der neue Mieter vor. Natürlich war ich auf das laut kopulierende Paar am meisten gespannt. Sie baten mich in ihre Wohnung. Er trug einen flauschigen weissen Pullover und hatte einen sonnengebräunten Teint. Er erinnerte mich an einen Skilehrer. Die Frau war sympathisch, aber eher unauffällig. In der Wohnung brannten überall Kerzen, die wohl für eine romantische Atmosphäre sorgten. Mit sanfter Stimme sagte er, dass wir bestimmt gut miteinander auskommen würden, und falls mich etwas störe, solle ich es ihnen ungeniert sagen. Trotzdem traute ich mich nicht, ihr lautes Stöhnen beim Sex anzusprechen. Es störte mich ja auch nicht wirklich, es war mir höchstens etwas peinlich.
Zwei Tage später rief mich eine Moderatorin von DRS 3 an und fragte, ob ich in ihrer Morgensendung eine Woche lang an einem Intelligenzduell Mann gegen Frau teilnehmen wollte. Meine Gegenkandidatin sei die Sexberaterin Martha Emmenegger. Ich sagte zu. Und so musste ich eine Woche lang, von Montag bis Freitag, morgens um zehn vor sieben auf den Anruf der Moderatorin warten, die mir und Martha Emmenegger, die sie auf der anderen Leitung hatte, eine Frage stellte. Wer die Antwort zuerst wusste, bekam einen Punkt. Als ich am Montagmorgen ein wenig verschlafen den ersten Anruf entgegennahm, wollte die Moderatorin Martha und mich vor dem Quiz in ein lockeres Gespräch verwickeln, das aber bereits über den Sender ging. Sie fragte mich, ob es etwas gab, das ich eine Sexberaterin schon immer einmal

hatte fragen wollen. Ich überlegte einen Augenblick und sagte dann, dass ich gerne wüsste, wie man sich gegenüber lauten Bumsern in der oberen Wohnung verhalten sollte.

Dieses Problem sei in Mietwohnungen ein Dauerbrenner, sagte Martha und fragte mich, wie laut denn die Geräusche seien. Ich versuchte, sie möglichst genau zu beschreiben.

Am Dienstagmorgen sagte die Morgenmoderatorin vor den Quizfragen, dass sie das Gespräch über die lauten Bumser sehr lustig gefunden habe und gerne damit fortfahren würde. »Und Beat, wie geht es den lauten Bumsern? Waren sie gestern wieder in Aktion?«, fragte sie deshalb zu Beginn der Sendung.

«Nein, gestern habe ich nichts gehört«, berichtete ich, worauf Martha erklärte, wie oft die Schweizer laut Statistik miteinander schliefen. So ging das auf dem Sender jeden Morgen weiter. Mir wurde die Sache langsam unangenehm, weil ich befürchtete, dass meine Nachbarn zuhörten und sich erkennen würden.

Prompt läutete es am Mittwochabend an meiner Türe. Als ich durch den Spion schaute, erkannte ich den flauschigen weissen Pullover. Ich rechnete mit dem Schlimmsten, beschloss aber, kein Feigling zu sein und mich der Sache zu stellen.

Ich öffnete die Tür. Der Nachbar hatte eine Dose Pelati in der Hand und fragte, ob ich einen Büchsenöffner habe. Das kam mir seltsam vor, ich vermutete, dass dies nur ein Vorwand war, und bat ihn in meine Küche, wo ich seine Büchse öffnete. Dabei plauderten wir ganz belanglos über die gepolsterten Sitze in den Zürcher Trams.

Glück gehabt, dachte ich, als er wieder weg war. Die hören am Morgen einen anderen Radiosender und wissen von nichts. Am nächsten Morgen unterhielten wir uns auf DRS 3 angeregt darüber, dass es nicht geeignet sei, vor dem Sex Pasta mit Tomatensauce zu essen. Besser wären leichtere und sinnlichere Gerichte.

Am Freitag rief mich Leo Lüthi vom *Sonntagsblick* an und erzählte, dass die lauten Bumser in meinem Haus auf der Redaktion alle derart amüsiert hatten, dass er am liebsten mit einem Dezibel-Messgerät in meinem Schlafzimmer auf das Stöhnen warten wolle, um darüber eine Reportage zu machen. Die Vorstellung, mit einem *Sonntagsblick*-Journalisten in meinem Schlafzimmer zu warten, bis die Nachbarn zu vögeln begannen, brachte mich zwar zum Lachen, dennoch sagte ich freundlich, aber bestimmt ab. Ich wollte nicht weiter über meine Nachbarn berichten.

Ich erklärte ihm, dass bisher alles gutgegangen sei, weil das Paar offenbar einen anderen Sender hörte. Zudem hatte ich aus den Reaktionen von Leuten, die mich auf die Geschichte ansprachen, schliessen können, dass sie offenbar glaubten, die lauten Bumser seien meine Erfindung und dienten allein der Komik.

Für mich war das Thema damit abgeschlossen. Leider nicht für den *Sonntagsblick*.

»Die lauten Bumser von Zürich«, lautete die Schlagzeile. Darunter war ein Archivfoto von mir zu sehen, auf dem ich übergrosse künstliche Ohren trug. Das Bild war vor langer Zeit bei einem CD-Player-Test entstanden. Im Artikel wurden dann die lustigsten Gesprächsteile aus der Sendung zusammengefasst.

Danach traute ich mich kaum mehr aus der Wohnung. Leise drehte ich den Schlüssel, öffnete die Türe und horchte, ob ich von unten oder oben Schritte hörte, und huschte dann wie der Blitz aus dem Haus.

Schon am Dienstagabend, als ich den Abfallsack rausstellen wollte, kam es zur unvermeidlichen Begegnung mit dem Paar. Sie würdigte mich keines Blickes und ging an mir vorbei. Er stellte sich mir wütend in den Weg. Ich bat ihn in meine Küche und öffnete die beste Flasche Wein, die ich hatte.

»Ich will dir jetzt erzählen, wie wir die Sache erlebt haben«, begann er. »Meine Freundin und ich haben uns bei der Arbeit kennengelernt. Wir sind beide auf dem Gebiet der angewandten Psychologie tätig. Gestern, in der Kaffeepause, erzählten wir unseren Mitarbeitern stolz, dass du seit Neustem unter uns wohnst. Wir wurden mit grossen Augen angesehen. ›Ja, dann seid ihr doch die lauten Bumser von Zürich!‹, platzte einer heraus. Heute hat jemand den Zeitungsartikel mitgebracht und wir haben ihn gelesen. Meine Freundin wird dich verklagen. Sobald wir eine neue Wohnung gefunden haben, werden wir von hier wegziehen.«

Ich verstand seine Wut, entschuldigte mich und bat die beiden mündlich und schriftlich um Verzeihung, brachte ihnen Blumen und Schokolade. Vergebens. Zwei Monate später zogen sie weg. Seither bin ich diskreter geworden mit Geschichten aus meiner unmittelbaren Umgebung.

MONSIEUR CABALON

Pascal Derungs arbeitete Anfang der 1990er-Jahre als Redaktor für den »Kassensturz«. Er hatte die Idee, dass ich heikle Sachverhalte, die sonst nie Eingang in die Konsumentenschutzsendung gefunden hätten, komisch und unverblümt darstellen sollte.
Einmal ging es um einen Beitrag über undurchsichtige Methoden bei der Ahnenforschung.
Für den Sketch zu diesem Thema sollte ich jemanden spielen, der aufgrund von Forschungsergebnissen einen Verwandten namens Rudolf Schwarz aufsucht. Am Abend vor dem Dreh hatte ich die Idee, dass es noch absurder und lustiger wäre, wenn dieser Rudolf Schwarz von einem Schwarzen dargestellt würde. Derungs fand die Idee gut, zweifelte aber daran, dass ich in so kurzer Zeit einen schwarzen Schauspieler auftreiben konnte. Ich telefonierte lange herum, bis ich fündig wurde. Die Schauspielerin Sybille Courvoisier meinte, sie kenne etliche »Berufsneger«, darunter einen gewissen Monsieur Cabalon. Der könne aber leider nur Französisch. Ich bat kurzerhand Andreas Dobler, der einiges besser französisch parlierte als ich, in meinem Namen Monsieur Cabalon anzurufen, um ihn für die kleine Rolle im Kassensturz-Sketch zu gewinnen. Und tatsächlich, Monsieur Cabalon sagte zu! Das Einzige, was er wissen wollte, war die Höhe des Honorars. Dobler hatte keine Ahnung, was dafür vorgesehen war. »Sagen wir 800 Franken?« Monsieur Cabalon war einverstanden.
Die zwielichtigen Methoden der Ahnenforschung wurden in dem Sketch dadurch deutlich gemacht, dass bei meinem vermeintlichen Verwandten Rudolph Schwarz ein richtiger Schwarzer aus dem Fenster schaute und mich fragt, was ich denn suche ...

Zum Schluss der Dreharbeiten bat ich Derungs, sich um das Honorar von Monsieur Cabalon zu kümmern. Er kippte beinahe aus den Latschen, als ich ihm den vereinbarten Betrag nannte. Derungs' Budget war winzig, und er hatte aus Spargründen schon oft eine Rolle selbst gespielt. In den darauf folgenden Monaten kam er entsprechend häufig zum Einsatz.
Diese Auftritte im »Kassensturz« verhalfen mir zu ungeahnter Popularität. Trotzdem war ich erleichtert, als die Zusammenarbeit zu Ende war. Denn mittlerweile sprachen mich die Leute auf der Strasse mit allen möglichen Anliegen an: »Sie, Herr Schlatter, gut sehe ich Sie, meine Frau und ich, wir haben uns einen neuen Stewi gekauft. Nun fehlen drei Schrauben, an wen müssen wir uns da wenden?«

WEINFLECKEN
AUF DEM TISCHTUCH

Hansjörg Utz lernte ich als Leiter der Sendung »Kassensturz« kennen. Einmal machte er einen kritischen Beitrag über aufgezuckerte Weine. Dazu drehten wir einen Sketch im Restaurant Belvoir Park. Nach Drehschluss fanden wir es schade, den Wein einfach so stehen zu lassen, zumal wir ja nun dank Utz wussten, welche Weine nicht aufgezuckert waren. So blieben wir noch ein ganzes Weilchen sitzen. Zu Hause hörte ich meinen Anrufbeantworter ab. Der Gerant des Restaurants hatte eine empörte Nachricht hinterlassen. Er beklagte sich über die vielen Rotweinflecken, die wir auf den weissen Tischtüchern hinterlassen hatten. Diese Tischtücher müsse man wegschmeissen, welche Versicherung das übernehme? Mir war die Sache gar nicht recht, und so rief ich am nächsten Morgen brav im Restaurant an. Der Gerant war ausser Haus, also liess ich ausrichten, dass er die Rechnung ans Fernsehen schicken könne, die seien für solche Fälle versichert. Gleich danach rief ich Utz in seinem Büro an: »Du, bei mir hat jemand vom Belvoir Park angerufen und wegen der Rotweinflecken auf den Tischtüchern reklamiert«, begann ich. Utz musste lachen und klärte mich auf: Er selbst hatte mit verstellter Stimme den Anruf des Geranten fingiert und mich zum Narren gehalten. Ich war voll darauf hereingefallen. Nun musste auch ich über mich lachen und erzählte, dass ich so fest an die Geschichte geglaubt hatte, dass ich die Leute im Belvoirpark angewiesen hätte, sich bei ihm zu melden wegen des Versicherungsschadens. Utz verging das Lachen: »Bist du wahnsinnig? Jetzt schicken die bestimmt eine gesalzene Rechnung. Wie soll ich der Versicherung erklären, dass wir nach den Aufnahmen den ganzen Wein ausgetrunken und dabei die Tischtüche ruiniert haben?«
Die Rechnung kam jedoch nie.

KATZENLIEBE

Eines Tages rief mich ein Journalist an, der vor längerer Zeit seinen Job bei Radio DRS verloren hatte. Nach einer schweren Krise hatte er endlich wieder eine Stelle gefunden, und zwar beim Tiermagazin *Katzen*. Er wolle nun sehr gerne über mich ein grosses Porträt schreiben, sagte er. »Aber ich habe doch gar keine Katze!«, protestierte ich.
 »Aber Sie haben doch mal einen Film mit Katzen gedreht?«
»Tut mir leid, das war vor zwanzig Jahren, da muss ich leider absagen.«
Er war total niedergeschlagen und erzählte, dass ihm alle, die er anrufe, eine Absage erteilten. Schauspieler, Fernsehmoderatoren, Musiker, niemand wolle ihm zur Verfügung stehen. Die Stelle habe er erst seit Kurzem und er müsse etwas Substanzielles abliefern, sonst sei auch dieser Job gefährdet ...
Mit diesen Worten setzte er mich emotional unter Druck. Ich wollte nicht am Scheitern dieses armen Teufels Schuld sein.
 »Hat den niemand in Ihrer Nachbarschaft eine Katze, die Sie für das Foto auf den Arm nehmen könnten?«, fragte er, als er merkte, dass mein Nein zu wanken begann.
Schliesslich tat er mir so leid – ich war ja selbst bestens mit Existenzängsten vertraut –, dass ich kooperierte. »Ja, doch, mein Vermieter, der Schreiner Thomas Heuberger, der hat eine Katze. Die sieht und hört man immer wieder mal im Hinterhof. Ich habe zwar keinen wirklichen Bezug zu diesem Tier, aber ich mache eine Ausnahme.«
So kam es, dass der Journalist ein paar Tage später an meinem Küchentisch sass. Er hatte eine längere Anreise hinter sich, da er in der Region Bern wohnte. Auf das Gespräch mit mir hatte er sich sehr sorgfältig vorbereitet, das Ganze dauerte etwa zwei Stunden. Zum Schluss

holte er die Kamera hervor. »Ja, wo ist denn nun die Katze?«, wollte er wissen. Ich öffnete das Küchenfenster und schaute in den Hof hinunter. Die Katze war nirgends zu sehen. Wir gingen in die Schreinerei Heuberger und erkundigten uns nach dem Tier. Niemand hatte es gesehen. Die Suche begann. Nach und nach waren nicht nur Thomas Heuberger, sondern vier weitere Schreiner damit beschäftigt, die Katze zu finden, jedoch vergebens.

Nach einer Stunde gaben wir auf. Der Journalist war am Boden zerstört. Ob ich das Bild nicht zu einem späteren Zeitpunkt selbst machen könnte, fragte er, sonst müsse er extra nochmals nach Zürich kommen. Das Bild war für den Artikel unbedingt notwendig.

Ich willigte ein, und schon am nächsten Tag sah ich die Katze bei Thomas auf der Fensterbank liegen. Ich bat ihn, schnell ein Bild von mir mit der Katze auf dem Arm zu machen.

Thomas lachte: »Dass du die Katze in den Arm nimmst, will ich erst mal sehen. Sie ist nämlich ein ganz schwieriger Fall. Es ist eine Heimkatze, sehr scheu. Sie lässt sich praktisch von niemandem streicheln, geschweige denn aufheben.«

Doch ich hatte das Bild versprochen und keine Wahl. Ich versuchte sie auf den Arm zu nehmen, aber die Katze machte sofort auf Angriff und wehrte sich wie eine Berserkerin. Zwei Sekunden lang konnte ich sie halten, und in dieser Zeit zerkratzte sie mir die Arme derart, dass ich ziemlich stark blutete. Wir mussten den Verbandskasten holen und mich verarzten. Ein Bild, auf dem ich zärtlich eine Katze halte, gab es natürlich nicht, doch immerhin ein Bild von mir mit einer Katze im Arm. Thomas hatte rechtzeitig den Auslöser gedrückt.

Der Berner Journalist freute sich riesig und bedankte sich überschwänglich. Ungeniert bat er mich um weitere Mithilfe: »Sie kennen doch sicher viele Prominente, die eine Katze haben. Könnten Sie nicht bei jemandem ein gutes Wort für mich einlegen?«

Ich wollte schon abwinken, als ich in der Bitte eine lang erwartete Gelegenheit erkannte. »Oh, doch, was für ein Riesenzufall!«, sagte ich. »Hansjörg Utz, der Leiter von ›10vor10‹, feiert bald einen runden Geburtstag, gleichzeitig mit seiner Katze! Für ihn, der täglich mit fremden Inhalten zu tun hat, ist es bestimmt eine willkommene Abwechslung, einmal selbst im Fokus zu stehen.« Bereitwillig gab ich dem Journalisten sämtliche privaten und mobilen Telefonnummern von Utz, und um sicher zu gehen, dass die Kontaktaufnahme ganz bestimmt klappte, sogar noch jene seiner Freundin. Das war meine Revanche für die Geschichte mit den ruinierten Tischtüchern und der Versicherung.

Bei einem Abendessen mit Hansjörg fragte ich zwei Monate später ganz nebenbei, wie es mit der Katzenreportage stehe. Utz seufzte. Er, der tagtäglich topinformiert sein musste über alles, was auf der Welt geschah, und innert kurzer Zeit entscheiden musste, was davon gesendet wurde, und so mitbestimmte, worüber man am nächsten Tag in der deutschen Schweiz redete, musste nun einen Nachmittag lang Fragen zur richtigen Sandmischung im Katzenkistchen und ähnlich relevanten Themen beantworten. Natürlich fürchtete er, dass sein Ruf als topseriöser News-Mann Schaden nehmen würde, wenn die Kollegen vom Fernsehen den Artikel entdeckten.

IN DIE BÄCKEREI JOGGEN

Peter Preissle ist ein Freund von mir. Wir kennen uns schon ewig und wohnen beide seit Jahrzehnten in der Zürcher Altstadt. Preissle war ein Pionier der Schweizer Punkbewegung und arbeitet heute als Pornoproduzent.
Weil wir ein paar Pfund Übergewicht hatten, beschlossen wir eines Tages, zusammen joggen zu gehen. Pünktlich um halb sieben morgens stand Preissle im Trainer vor meiner Tür. Wir wählten die Strecke Stüssihof–Limmatquai–Bellevue–Seepromenade–Chinagarten retour und absolvierten ein Intervalltraining. Das heisst, wir joggten die ersten zwanzig Meter, dann spazierten wir fünfhundert Meter und joggten wieder zwanzig Meter, und so weiter und so fort. Ein Bekannter sah uns die zwanzig Meter joggen und rief uns nach: »Was ist denn in euch gefahren? Habt ihr schlechte Drogen erwischt?« Wir ignorierten ihn. Nach dieser intensiven Joggingrunde stachen wir jeweils schnurstracks in die Bäckerei Bärtschi an der Marktgasse und stärkten uns mit Gipfeli, Nussgipfeln und Eierbrötchen. Als die Bäckerei den Betrieb einstellte, änderten wir unsere Route. Neu ging der Heimweg über die Bahnhofstrasse, sodass wir in der Milchbar Combe die verdiente Stärkung einnehmen konnten. Wir zogen das Programm ein halbes Jahr eisern durch. Da wir jedoch kein Gramm abgenommen hatten, gaben wir schliesslich auf.
Ich hatte zwar kein Gewicht verloren, dafür war ich unterdessen über die verschiedensten Aspekte des Pornobusiness informiert. Auf unserer täglichen Runde hatte ich eine Menge Details erfahren. Zum Beispiel, dass gute Stecher rar sind und viel Geld verdienen. Als guter Stecher gilt, wer zweimal pro Tag auf Kommando abspritzen kann. Und ich lernte auch, dass diese Männer Medikamente schlucken müssen,

damit ihr Sperma schön weiss wird. So war es nur folgerichtig, dass ich zusammen mit Tom Gerber das Projekt entwickelte, Pornofilme neu zu vertonen. Pornofilme werden an unmöglichen Schauplätzen gedreht, sind schlecht gespielt und haben miese Dialoge. Unsere Idee war, die Szenen, in denen es noch nicht richtig zur Sache ging, zusammenzuschneiden und mit neuen Dialogen zu versehen. Also das Vorgeplänkel auf dem Tennisplatz, im Fitnessstudio oder auf dem Pferd. Hierfür fragten wir bekannte Schweizer Drehbuchautoren wie Michael Sauter und Michael Steiner an, die sich mit Begeisterung in das Projekt stürzten. So redeten Pornodarsteller bald über banale Alltäglichkeiten, zum Beispiel, wie eine Steuererklärung auszufüllen sei, ob man mit der Katze zum Tierarzt solle oder nicht. Die neuen Dialoge wurden von bekannten Schauspielerinnen und Schauspielern gesprochen. Wir waren lange überzeugt, dass sich aus diesen Szenen ein sehr lustiger Kinofilm mit vielen verschiedenen Sketches zusammenschneiden liesse.

So lustig wir uns das Resultat auch vorstellten; irgenwann mussten wir uns eingestehen, dass die Komik nicht funktionierte, wenn das, was die Darsteller sagten, überhaupt nicht zur Körperhaltung und -sprache passte, auch wenn die Dialoge perfekt mit den Lippenbewegungen übereinstimmten. So mussten wir die Idee wohl oder über fallen lassen. Ich lernte, dass auch die Pornoindustrie gewissen Trends unterworfen ist. In den Nullerjahren war es total angesagt, nicht im Studio, sondern an möglichst ausgefallenen Originalschauplätzen im Freien zu drehen. So war es nicht weiter verwunderlich, dass Preissle mich in Sachen Location Scouting anging, als er erfuhr, dass wir einen Bingo-Auftritt im Grandhotel Dolder hatten.

Peter Preissle hat immer wieder sehr ausgefallene und unkäufliche Bingo-Preise spendiert. Darunter war beispielsweise die Namensnennung in einem der Kinoinserate der grossen Zürcher Tageszeitungen:

Da stand dann während einer Woche »*Der Sperminator* nach einem Roman von Beatrice Huwyler« oder »*Scharfe Politessen* von Erfolgsregisseur Roger Meierhans«. Ein andermal durfte ein Bingo-Gewinner an ein Casting für einen Pornodreh.
Wir rechneten nicht damit, dass der Gewinner den Preis auch wirklich einlösen würde. Doch der Zwanzigjährige aus Winterthur war fest entschlossen, seine Chance zu nutzen. Preissle musste Klartext sprechen. Er erklärte dem Burschen, dass er seinen Schwengel im Scheinwerferlicht und umgeben von der ganzen Filmcrew möglicherweise nicht hochkriegen würde und dass sich zudem die weiblichen Pornostars bei den männlichen Darstellern Organe einer gewisse Grösse gewohnt seien. Ob er sich dem Risiko, ausgelacht zu werden, wirklich aussetzen wolle? Er wollte nicht und entschied sich stattdessen für die von der Produktionsfirma angebotenen, hundert verschiedenen Designer-Pornofilme. Ich wollte mich bei Peter Preissle gerne für die grosszügigen Preise revanchieren. Die Show hätte von der Zusammenarbeit mit Preissle insofern profitiert, als wir an jenem Abend einen speziellen Bingo-Preis im Programm gehabt hätten: Der Gewinner oder die Gewinnerin hätte die Möglichkeiten erhalten, mit einem Pornodarsteller oder einer -darstellerin hinter einen Paravent zu verschwinden und dort mittels Einwegkamera ein paar pikante Bilder zu schiessen. Daraus wurde leider nichts. Wir trafen uns zweimal, um die Angelegenheit ernsthaft zu besprechen. Letztlich musste ich Preissle davon überzeugen, dass es unter keinen Umständen möglich war.
Das im Dolder stattfindende Weihnachtsbingo war nämlich eine Wohltätigkeitsveranstaltung zugunsten von Médecins Sans Frontières. Man kann sich leicht ausmalen, was für einen Skandal wir verursacht hätten, wenn die Sache aufgeflogen wäre: »Schlatter schamlos: Wohltätige Weihnachtsgala für Pornodreh missbraucht!«

HOSELUPF

Für den Film *Hoselupf* von This Lüscher musste ich mich vertraglich verpflichten, ein Jahr vor Drehbeginn im Zürcher Stadtclub das Schwingtraining zu besuchen. Der Grund dafür: Als Höhepunkt des Films sollte ich am Eidgenössischen Schwingfest in Frauenfeld vor 40 000 Zuschauern gegen den 16-jährigen Jungschwinger Martin Aeschlimann aus dem Emmental antreten. In der Zeit unmittelbar vor Vertragsabschluss spielte ich im Film *Der Sandmann* von Peter Luisi einen Philatelisten. Zur Vorbereitung auf diese Rolle verbrachte ich einen Tag in einem Briefmarkengeschäft an der Kappelergasse in Zürich und lernte die Briefmarken mit der Pinzette und der Lupe richtig handhaben.
Ich hielt es darum für völlig übertrieben, für einen Film ein Jahr lang Schwingen zu trainieren. Es reichte doch zu wissen, wie man dem Gegner an die Zwilchhosen greift, es war ja nur ein Film, und der Kampf konnte mit einer präzisen Choreografie lebensecht dargestellt werden, dachte ich.
So unterschrieb ich den Vertrag ohne grosse Bedenken. Bei den ersten Vorbereitungsgesprächen machte mir This Lüscher aber klar, dass Schwinger Sportler und keine Schauspieler seien und dass es deshalb keinen inszenierten Kampf geben werde. Er redete mir Mut zu: »Wenn du ein Jahr lang seriös trainierst, wird es am Eidgenössischen gegen den 16-jährigen einen fairen Kampf geben.«
Ich meldete mich beim Schwingclub Zürich für das erste Training an. Nach dem vierzig Minuten dauernden Konditionstraining zeigte mir mein Schwingtrainer Daniel Reichlin die ersten Schwünge: de Churz, de Brienzer, de Bur und de Hüfter. In den folgenden drei Tagen musste ich mich beim Treppensteigen am Geländer festhalten, derart weh tat

mir alles. Nach den ersten paar Trainingstagen war das Einschlafen ohne Ponstan unmöglich.

Mir war bald klar, dass ich in einem Kampf gegen einen 16-Jährigen auf verlorenem Posten stehen würde. Ich rief den Regisseur an und bat ihn, die Szene mit dem 16-Jährigen umzuschreiben. Die einzige Chance für einen ausgeglichenen Kampf bestehe nur dann, wenn ich in Frauenfeld gegen einen Achtjährigen antreten würde, erklärte ich ihm. Die Einschätzung war durchaus realistisch.

»Du willst also am Eidgenössischen Schwingfest vor 40 000 Zuschauer gegen einen Achtjährigen antreten?« This beendetet das Gespräch.

Ich ergänzte mein Schwingtraining durch zusätzliches Konditions- und Krafttraining in einem Fitnessclub. Neben Trainer Daniel Reichlin unterstützte mich Chrigel Thalmann vom Schwingklub Zürich als Coach. Nach einem Jahr harten Trainings schätzte mein Coach die Lage ein und kam zum einzig möglichen Schluss: hoffnungslos. Am Eidgenössischen Schwing- und Älplerfest verlor er sich dann in den Festzelten und an den Partys, die auf dem Festareal rund um die Uhr gefeiert wurden. Eine halbe Stunde, bevor ich in den Sägemehlring musste, erschien er am vereinbarten Treffpunkt. »Hast du noch Fragen?«, wollte er völlig verkatert und abgehalftert wissen. Oder eigentlich nicht wissen.

Mir war klar, dass nicht einmal mein Coach an mich glaubte. Über die Lautsprecheranlage wurden der Kampf und der Platz angesagt. Ich plante, meinen Gegner mit meiner Spezialität, dem Gammen links anzugreifen und ihn damit sofort zu Fall bringen, um ihn dann in einem zweiten Anlauf mit dem Pur auf den Rücken zu wenden. Mit vollem Einsatz setzte ich zu meinem Schwung an. Doch der massige Körper bewegte sich keinen Millimeter. Es kam mir vor, als versuchte ich, einen Kleintransporter mit angezogener Handbremse bergaufzuschieben. Schon ging er zum Gegenangriff über. Den ersten Schwung konnte ich noch abwehren, dann legte er mich mit einem Kurz platt aufs Kreuz. Eine Minute und fünf Sekunden hatte der Kampf im Sägemehl gedauert. Rückblickend muss ich sagen, dass dies eine beachtliche Dauer und eine gute Leistung war.

Immerhin hatte ich mich bei dem Kampf nicht verletzt. Ich hatte nämlich schmerzhaft erfahren müssen, dass Schwingen nicht ganz ungefährlich ist. Es war am ersten Drehtag. Ich stand an diesem Montagmorgen für den ersten Take von *Hoselupf* im Schwingkeller. This Lüscher wollte filmen, wie ich mit Daniel Reichlin trainierte. Er wollte natürlich zeigen, wie wir Schwünge übten. Im richtigen Training tut man das nach einem dreiviertelstündigen, schweisstreibenden Aufwärmen. Für den Film konnten wir das auslassen, dachte ich. Als This »Action« rief, griffen Reichlin und ich uns an die Hosen. Drei Sekunden später hörte ich es in meinem rechten Knie knacken. Ein Geräusch, wie wenn jemand mit der Pouletschere ein Mistchratzerli halbiert. Ich spürte einen Schmerz, der mich das Feuer in Holland sehen liess. Ich ging zu Boden und konnte nicht mehr aufstehen. Regisseur und Produzent brachten mich zu einem Notfallarzt. Er stellte einen Innenbandzerrung am rechten Knie fest. Wir erklärten ihm, dass wir an diesem Morgen mit den Dreharbeiten für einen Film über das Schwingen mit mir als Hauptdarsteller begonnen hatten. Ob er da ein Problem sähe? Der Arzt lächelte mitleidig. Doch die Dreharbeiten mussten zum Glück nicht abgebrochen, nur unterbrochen werden. Die Medien berichteten über den Unfall, und weil wir die Sache den Journalisten gegenüber nicht kommentieren wollten, wurde er schlimmer dargestellt, als er war. Ich bekam Besserungswünsche und Geschenke aus allen Regionen der Schweiz. Darum humpelte ich aus schlechtem Gewissen auf der Strasse stärker, als eigentlich nötig war.

ZWEI TEDDYBÄREN
IN JAPAN

Die beiden Schwinger Christian Stucki und Roger Brügger lernte ich in Tokio kennen. Die beiden Eidgenossen und mehrfachen Kranzschwinger bekamen von einem angesehenen Sumo-Ringer-Club eine Audienz. Sie durften sieben Tage dort trainieren. Gute Sumos sind in Tokio grosse Stars, verdienen sehr viel Geld und werden fast wie Heilige behandelt. Im Stadtteil Ryogoku, in dem die meisten Sumos leben und trainieren, findet man auf den Trottoirs sogar Bronzestatuen der besten Sumo-Ringer.
Mich hatten die Dreharbeiten zum Schwingerfilm *Hosenlupf* nach Tokio verschlagen. Das Sumo-Abenteuer von Stucki und Brügger wurde in den Film integriert. Wir verbrachten zusammen eine Woche in Tokio und drehten unter der Regie von This Lüscher weitere Szenen. Stucki brachte 160 Kilo auf die Waage, Brügger 140 Kilo. Frau Fischer begleitete mich nach Japan. Weil wir Angst hatten, im Flugzeug zwischen den beiden Riesen eingepfercht zu werden, flogen wir drei Tage früher und feierten in einem Wolkenkratzer im 54. Stockwerk Silvester. Unverheiratete Sumo-Ringer – sie bilden die grosse Mehrheit – trainieren, essen und schlafen in ihrem Dojo. Das Training ist hart. Es beginnt um sieben Uhr morgens und dauert bis zwölf Uhr mittags. Zum Mittagessen gehen sie einen Stock höher. Das Essen wird auf dem Fussboden sitzend eingenommen. Dazu wird viel Alkohol getrunken. Ich glaubte zuerst, in der Zweiliterflasche, die sie herumreichten, sei Eistee. Aber als ich einen Schluck nahm, merkte ich, dass es verdünnter Whiskey war, den sie wie Wasser tranken. Nach dem Essen legen sie sich auf eine dünne Matte auf dem harten Boden und schlafen zwei Stunden. Um 15 Uhr geht das Training weiter und dauert bis um 19 Uhr. Stucki und Brügger versuchten mit ihnen zu kämpfen, aber es

wurde schnell klar, dass unsere Spitzenschwinger in dieser Disziplin keine Chance hatten.

Wir wohnten alle in demselben Hotel. Japaner sind eher kleine Leute, deshalb stehen in vielen Hotelzimmern etwas kleinere Betten. Sportler schlafen wegen des Teamgeistes immer zu zweit in einem Zimmer. So auch Stucki und Brügger. Als ich sie nach einem langen Tag in Tokio abends besuchte, lagen die beiden Kolosse zusammen in einem kleinen Doppelbett. Vom Bettgestell habe ich nichts gesehen. Nur zwei schwebende Fleischmassen. Ich versuchte mir vorzustellen, was passierte, wenn sich in der Nacht einer im Bett zu drehen versuchte. Im Hotel waren noch Zimmer frei, und ich bot ihnen an, auf meine Kosten ein zweites Zimmer zu buchen. Sie lehnten ab. Sie wollten zusammenbleiben.

Zwischen Brügger, Stucki und mir entwickelte sich während der Dreharbeiten eine Freundschaft. Als ich die beiden zum ersten Mal zu mir nach Hause einlud, waren Frau Fischer und ich ein wenig aufgeregt. Wir wollten, dass sich die beiden wie zu Hause fühlten. Wir kauften ein rot-weiss kariertes Tischtuch und wählten als Menu Fleischkäse und Kartoffelsalat. Im Brockenhaus kaufte ich als Dinnermusik eine CD vom Jodelchörli Hausen am Albis. Am Tischtuch und am Menü hatten sie Freude, am Jodelchörli weniger. Nach fünf Minuten fragte Stucki, ob ich diesen Seich nicht abstellen und etwas anderes auflegen könne.

Drei Tage bevor sie zu mir kamen, fragte ich sie, ob sie in der Nacht zurück ins Seetal fahren wollten, ob ich ihnen ein Hotelzimmer reservieren oder sie privat unterbringen sollte. Am liebsten wollten sie privat untergebracht werden. Mit dem hatte ich nicht gerechnet. Ich überlegte, wen in meinem Freundeskreis ich darum bitten konnte, diese beiden grossen Teddybären zu beherbergen. Mir fiel Miriam Zollinger ein, die an der Mörlistrasse allein in einem Haus lebt. Zu

meiner grossen Überraschung sagte sie zu und freute sich auf die beiden Schwinger, die sie nicht kannte. Selbstverständlich war Miriam an jenem Abend auch bei uns zum Nachtessen eingeladen. Beim Apéro stand ich mit Brügger und Stucki etwas abseits, erklärte ihnen, wo sie schlafen würden, zeigte diskret auf Miriam Zollinger und witzelte: »Aber ihr müsst aufpassen, sie ist eine Nymphomanin.«
Brügger wies auf Stucki, der damals Single war, lachte und meinte scherzhaft: »Das isch guet, er häts scho lang wieder ämal nötig.«
Der Abend war ein voller Erfolg, und es war schon ziemlich spät, als meine Gäste sich auf den Weg machten.
Am nächsten Tag rief ich Brügger an, und fragte, ob sie gut geschlafen hatten und alles in Ordnung sei. Alles tipptopp, meinte er. Nur als sie in ihrem Zimmer im oberen Stock angekommen waren und das Licht gelöscht hatten, hörten sie Miriam Zollinger aus ihrem Schlafzimmer rufen: »Falls ihr etwas benötigt, ruft einfach.« Da erinnerten sich die beiden an meinen Witz und fragten sich, ob es vielleicht gar keiner gewesen war. »Wir bekamen es mit der Angst zu tun und fragten uns, was zu tun sei, wenn sie plötzlich ins Zimmer käme«, erzählte Brügger am Telefon. Natürlich kam sie nicht.
Auch Miriam, die ich später anrief, wusste über ihre Gäste nur Gutes zu berichten. »Am Morgen sind sie ganz leise aus dem Haus geschlichen, damit ich nicht wach werde. Nur in der Dusche war die Brause so weit oben angebracht, dass ich auf einen Stuhl steigen musste, um sie herunterzuschieben.«

GLOBI AUF DEM SOFA

Mein Bruder Martin hat drei Kinder: Fabrice, Jérôme und Tiffany. Fabrice war als Bub der grösste Globi-Fan. An einem Familientreffen prahlte ich, dass ich mit Globi gut befreundet sei und er oft zu mir zu Besuch komme. Dem kleinen Buben fiel vor Staunen die Kinnlade herunter, und er brachte kein Wort mehr heraus. Das motivierte mich zu weiteren Fantastereien, und so erzählte ich, was ich mit Globi schon alles unternommen hatte. Wenn ich fortan mit meinem Bruder telefonierte, sagte er am Schluss des Gesprächs immer: »Fabrice möchte dich noch etwas fragen.«
Die Frage war immer dieselbe: »Ist Globi bei dir?«
Um die Illusion aufrechtzuerhalten, sagte ich meistens: »Ja, du hast Glück, er ist gerade da.« Dann rief ich in meine leere Wohnung: »Globi, Fabrice ist am Telefon, willst du ihm guten Tag sagen?« Darauf sprach ich mit verstellter Stimme mit Fabrice. Der Bub merkte nichts und war überzeugt, er spreche mit Globi.
Martin und seine Frau Katja beobachteten mit gemischten Gefühlen, wie ich ihrem Sohn immer mehr vorschwindelte. Sie versuchten ihm beizubringen, dass es besser sei, mir nicht alles zu glauben. Das wiederum passte mir natürlich nicht.
Da ergab sich für mich eine glückliche Gelegenheit, mein Geflunker zu beweisen. Ein Journalist von *Tele-Züri* bat mich, etwas zum eben neu erschienenen Globi-Buch zu sagen.
Ich war einverstanden unter der Bedingung, dass er beim Globi-Verlag das Original-Globi-Kostüm ausleihen und darin in meinem Wohnzimmer auf dem Sofa sitzen würde. Er war einverstanden.
Nun musste ich nur noch meinen Neffen in die Wohnung locken. Seine Eltern konnten ihre Verpflichtungen so kurzfristig nicht absagen,

also rief ich meinen Vater an und bat ihn, mit dem Buben an diesem Nachmittag bei mir zu Hause vorbeizukommen.

Wir hatten den Beitrag eben abgedreht, als es an der Tür klingelte. Mein Neffe war sichtlich aufgeregt. Vorsichtig kam er herein und konnte kaum glauben, was er sah. In meiner Stube sass der leibhaftige Globi. Dieser begrüsste Fabrice und gab vor, mit ihm schon mehrmals telefoniert zu haben. Schnell war ein munteres Gespräch im Gange, in dem Globi erzählte, dass er mich schon lange kannte, was für gute Freunde wir seien und was wir schon alles zusammen erlebt hätten. Fabrice war nun überzeugt, dass alles, was ich gesagt hatte, stimmte. Auch wenn er sich den Globi kleiner vorgestellt hatte.

Es ist mir weder vorher noch nachher je gelungen, ein Kind so stark zu beeindrucken.

BIN GLEICH ZURÜCK

Auch in meinem Leben kam der Moment, in dem mein Vater zu mir sagte: »So, jetzt bist du in einem Alter, wo man sich über einen Beruf Gedanken machen sollte. Andere Buben bewerben sich schon für eine Lehrstelle. Was willst du eigentlich werden? Hast du eine Idee?«
»Ich möchte mal einen eigenen Laden haben«, erwiderte ich.
»Was denn für einen Laden?«, fragte mein Vater verwundert.
»Das ist völlig wurst, wichtig ist einzig, dass an der Türe ein Schild hängt, auf dem ›Bin gleich zurück‹ steht.«
Wann immer ich ein solches Schild entdecke, frage ich mich, was diese Person wohl gerade macht. Es ist ja meistens so, dass man so lange warten kann, wie man will, ohne dass die Person zurückkommt. Je länger man wartet, je mehr wundert man sich und möchte immer dringender wissen, wo die Person gerade steckt.
Diese drei Worte öffnen letztlich Tür und Tor für Hunderte von Projektionen.
Wer so ein Schild an die Tür hängt, erlaubt sich, eine Auszeit zu nehmen und dem alltäglichen Strom der Zeit zu entfliehen, einzig mit dem Hinweis, dass er weg ist, ohne anzugeben, weshalb. Ein Zustand, den ich mir heute oft wünsche.

Gilbert & George, 1982.

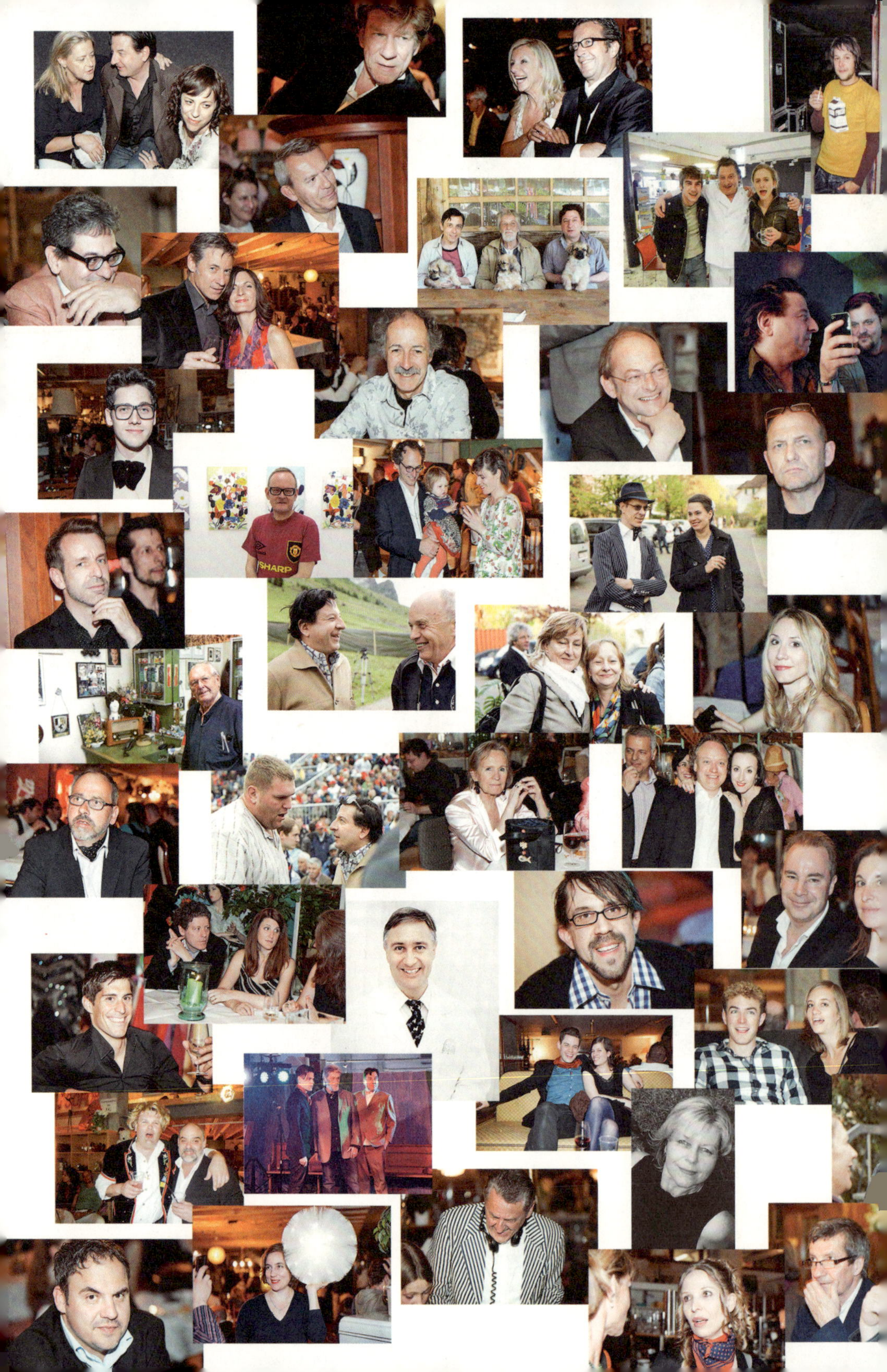
SHARP

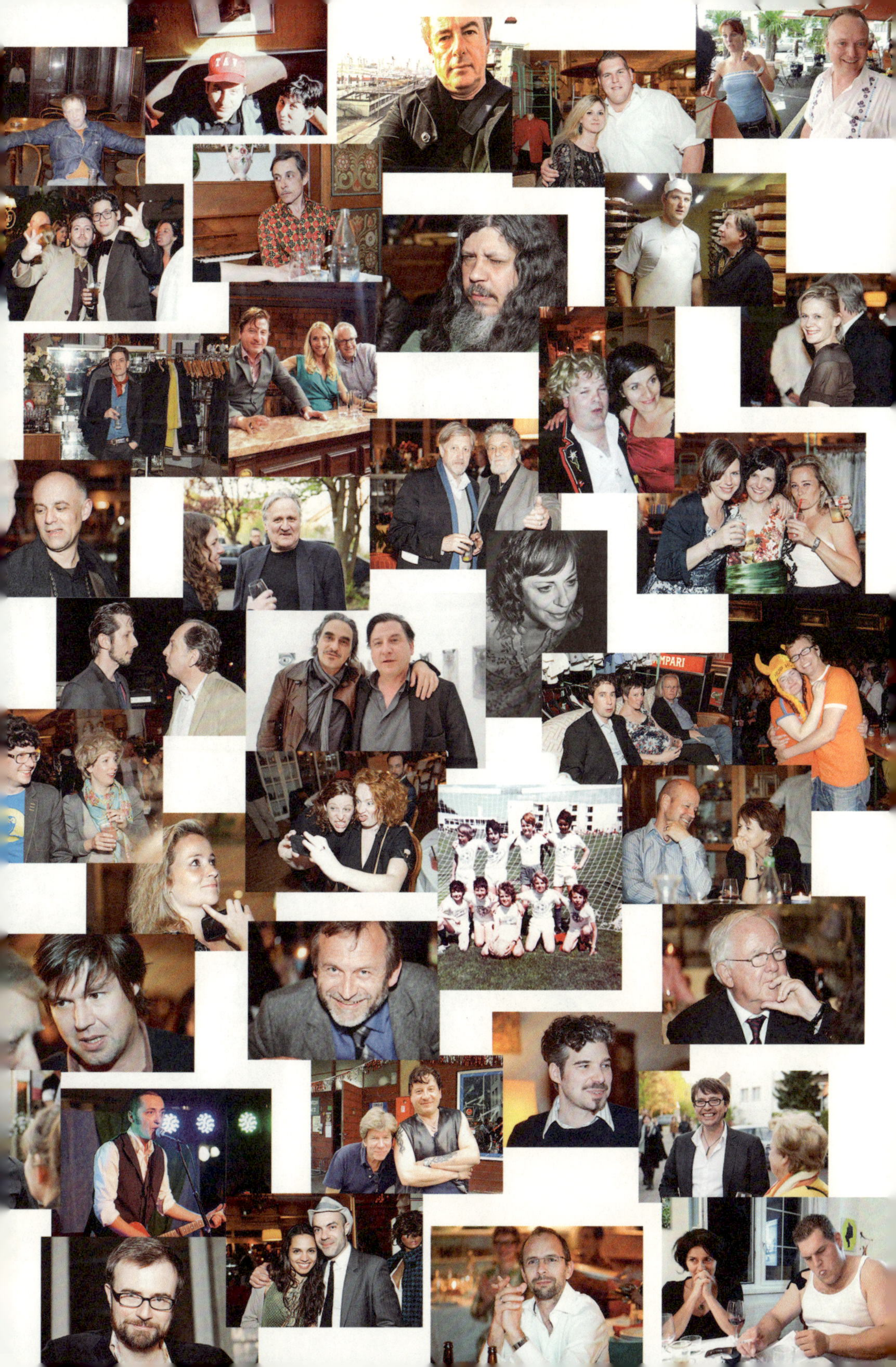

Hochzeit mit Frau Fischer, 2011.

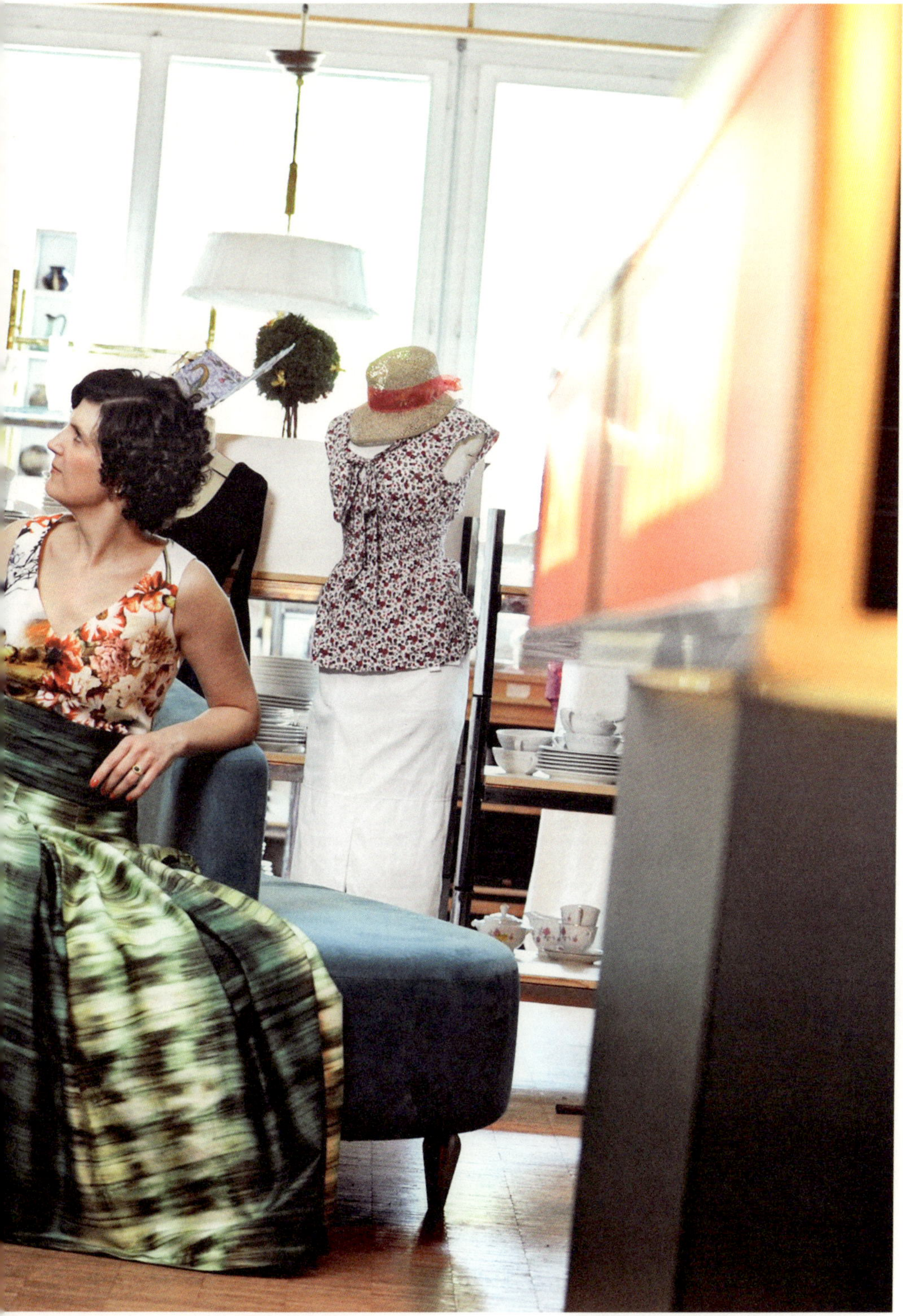

BIOGRAFIE

Beat Schlatter lebt und arbeitet in Zürich. Ab 1999 Rollen in diversen Kurzfilmen der Hochschule für Gestaltung und Kunst, Zürich. 1997–1999: Co-Autor + Hauptdarsteller der Kino-Komödie Komiker. 1996: Co-Autor + Hauptdarsteller der Kino-Komödie Katzendiebe. 1995: Co-Autor + Hauptdarsteller der Komödie Dreamboat Schwamiland. 1992: Co-Autor + Hauptdarsteller der Komödie Die grosse Schwamendinger Oberdorfoper. 1991–1996: regelmässige Mitarbeit in der TV-Sendung Kassensturz. 1990: Co-Autor + Hauptdarsteller der Komödie Kunst und Schinken. 1984: Autor und Sprecher des DRS-3-Hörspiels Enrico Bello. Seit 1983 freischaffender Autor/Kabarettist/Schauspieler. 1983: Der Hundeschwindel von Moskau (Musical). Gründungsmitglied des Kabarett Götterspass; seither Co-Autor und Hauptdarsteller aller Götterspass-Programme (mit Patrick Frey). 1979–1982 Studio- und Live-Musiker u.a. bei Sperma, Liliput und Stephan Eicher.

Spielfilme
2012 Palim Palim. 22 Min. Regie: Marina Klauser/Pia Hellenthal. Hauptrolle: Kalli.
2011 Himmelfahrtskommando. Dreharbeiten Kinofilm, 90 Min.
Regie: Denis Ledergerber. Hauptrolle.
2011 Das Glücksseminar. Regie: Heine Dietiker. Gastauftritt: Butler.
2011 Halbschlaf. Thriller, 8 Min. Regie und Drehbuch: Johannes Hartmann. Nebenrolle.
2010 Hoselupf. Dokumentarfilm, 98 Min. Regie und Drehbuch: This Lüscher. Hauptrolle.
2010 Nachtexpress. 90 Min.
Regie: Alex Kleinberger. Nebenrolle.
2010 Die Praktikantin. 30 Min. Regie und Drehbuch: Peter Luisi. Hauptrolle.
2010 May. 22 Min. Regie und Drehbuch: Natascha Beller. Nebenrolle.
2009 Der Sandmann. Kinofilm, 90 Min. Regie: Peter Luisi. Rolle: Max.
2008 Die Standesbeamtin. 90 Min.
Regie: Micha Lewinsky. Rolle: Morger.
2008 Tamilische Hochzeit. Regie: Anna Luif. Rolle: Koni Görz.
2007 Alp-Traum. Kinofilm/Kurzfilm.
Regie: This Lüscher. Hauptrolle: Der Fan.
2007 Flanke ins All. TV-Film, 90 Min.
Regie: Marie Louise Bless. Nebenrolle.
2007 Max und Co. 90 Min. Schweizer Synchronstimme: Vater von Max.
2007 Kleine Fische. 90 Min.
Regie: Petra Biondina Volpe.

2004 Mein Name ist Eugen. 97 Min.
Regie: Michael Steiner. Rolle: Fritzli Bühler.
2004 Ferienfieber. Fernsehfilm, 90 Min.
Regie: This Lüscher. Co-Autor und Hauptdarsteller.
2002 Ueli. Kurzfilm. Regie: Susanna Hübscher. Rolle: Ueli.
2002 Schadensbegrenzung. Drama/Kurzfilm.
Regie: Beni Jaberg. Rolle: Sohn.
2000 Komiker. Kinofilm, 93 Min.
Regie: Markus Imboden. Co-Autor und Hauptdarsteller.
1999 Exklusiv. Kinofilm. Regie: Florian Froschmeier. Rolle: Schmidheini.
1996 Katzendiebe. Kinofilm, 100 Min.
Regie: Markus Imboden. Co-Autor und Hauptdarsteller.

Serien
2001–2006 Lüthi und Blanc. SF DRS. Rolle: Strassenwischer Willi.
1991 Banken und Beizen. SF DRS.

Auszeichnungen
2012 1. Preis »6. Hanoi International FICTS Festival« für den Film Hoselupf.
2012 Prix Walo. Bester Schauspieler.
1998 Drehbuchpreis der SSA (Société Suisse des Auteurs) für Komiker.
1996 Prix Walo und Schweizer Goldnacht-Preis für den Film Katzendiebe.
1992 Salzburger Stier und Oltener Tanne.

Nominationen
2011 Best Actor für The Apprentice
(Die Praktikantin),
Los Angeles Comedy Festival.

Bühne, Radio, Audio
2012 TV-Metzgete, Fernsehsendung.
Autor und Creativ Producer.
2012 Seegfröni. Theaterkomödie von Beat
Schlatter und Patrick Frey. Rolle: Frank Stierli.
2012 Unschuldig verurteilt. Schreckmümpfeli
von Beat Schlatter.
2011 Golden Boys. Auftritte mit Timmermahn,
Adrian Weyermann, Beat Schlatter.
2011 Drehbuchmitarbeit Hotel Rex von
Andres Brütsch und Beat Schlatter.
2010 Das Drama. Ein Theaterstück von und mit
Beat Schlatter und Patrick Frey.
Rolle: Balz Möckli.
2009 Bingoshow Tour 09.
2008/09 Boing Boing. Komödie von
Marc Camoletti. Rolle: Bernhard.
2008 Drama vor dem Letzigrund. Hörspiel
zum Stadtspaziergang von B. Schlatter. Mit Joel
Basman, Beat Schlatter, Stephanie Glaser.
2007/08 Der beliebte Bruder. Bühnenkomödie
von und mit Beat Schlatter und Patrick Frey.
Rolle: Lukas Fuchs.
2006 Autor der Schreckmümpfeli auf Radio
DRS 1 (Der letzte Traum, Der Lehrling,
Der Kugelschreiber).
2006 Märli für Erwachsene. Bühnenprogramm.
Auftritte in der ganzen deutschsprachigen
Schweiz. Eigene Kurzgeschichten.
2005 Erwin. Text: Beat Schlatter/Flurina
Valsecci. Illustrationen: Markus Roost.
64 Seiten, 4-farbig.
2000–2005 Die Bingoshow. Bühnenprogramm.
Über 300 Auftritte in der deutschsprachigen
Schweiz, während der Expo 02 drei Wochen
täglich zwei Auftritte.
1999 Bupo Schoch – Operation Roter Zipfel.
Co-Autor Comic-Buch. Edition Moderne.
1999 Mitinitiant der Kult-Bingo-Abende.
1999 TV3. Regelmässige Auftritte.
1998 Stöck Wyss Stich, der Schieber mit
Beat Schlatter. CD-Rom.
1998 Auftritte mit dem Künstler Anton Bruhin.

Programme des Kabarett Götterspass
1997 Hochzeit.
1993 Der Betriebsanlass.
1991 Das offizielle Festprogramm.
1989 Ein Abend ohne Ernst.
1988 Der Reiz der Schweiz.
1987 Lauter Humor.
1986 Hiersein oder Nichtsein.
1984 Der Weg zum Ruhm.

Tonträger
2007 Märli für Erwachsene. Vol. 2. 6.04 Min.
Mehre Künstler. Beat Schlatter: Die letzte
Kannibalenfamilie. Swissandfamous Record.
2006 Märli für Erwachsene. CD mit Reeto von
Gunten. Fünf Kurzgeschichten von und mit
Beat Schlatter: Der Träumer, Der Alkoholiker,
Goldmöhrli, der Nasengrübler, Miranda.
Swissandfamous Record.
2006 Witzparade 1–3. Die besten Witze,
erzählt von über 100 Schweizer Persönlichkeiten
aus Kultur, Politik, und Sport.
Swissandfamous Record und TBA.
2005 Erdwin. Eine Geschichte für Kinder,
von und mit Beat Schlatter.
2004 Märli für Erwachsene. Vol. 1. Mehrere
Künstler. Beat Schlatter: De Nasegrübler,
5.21 Min. Swissandfamous Record.
1999 Hällwach. CD von Jack Stoiker.
Mitproduzent.
1997 Hochzeit. CD. Phonag.
1994 Live im Studio Lattmann. Phonag.
1991 Das offizielle Festprogramm.
Koch International.
1989 Für Susi. Spass-Records/Sound Service.
1989 Kabarett Götterspass. Sampler. Schweiz
ohne Armee.
1983 Liliput. Single. »You dit it« / Jazz.
1981 Liliput. Live Recorded at the Tempodrom
West-Berlin. Venus Weltklang.
1980 Sperma. Single. »Love, Lover / Everything
I Do Is Wrong«. Off Course Records.
1980 Ladyshave. Swiss Wave the Album. Off
Course Records.
1979 Kraft durch Freude. Maxi Single. »Wir
bleiben Kameraden«. Off Course Records.

Beat Schlatters Postkartensammlung »Schweiz«.

LUGANO
Gruss aus BREMGARTEN
ZÜRIC
Grüsse aus
USTER
LOCARNO
GENEVE
Niedergösgen
Einsiedeln
Schwyz
Seealpsee
- Bienne
MORCOTE
engelberg

Gruß aus Pepelow
Gruß von der Insel
Usedom
Die Wartburg bei Eisenach
am Rennsteig
Gruß von der Insel Rügen
Gruß aus Ahlbeck
MAGDEBURG
Grüße aus Dahmen · Kr. T
Schmiedefeld am Rennsteig
Feriengrüße von der Ostsee
Gruß aus Amöneburg
Luftkurort Ilsenburg/Harz
Ostseebad Baabe
GRÜSSE AUS
ROSTOCK-LICHTENHAGEN
Leipzig

Beat Schlatters Postkartensammlung »DDR«.

Beat Schlatters Postkartensammlung »Europa«.

MONTECATINI TERME
Gruß von der
Insel
Lisboa
PORTUGAL
MONTECATINI TERME
Montecatini Terme
FORMENTOR
LIDO
RIMINI
UNOCITY
WIEN
Baden-Baden
SALUTI DA
PALAU
MILANO
SOUVENIR

WAS ICH MAG

Herbst; Geschenke machen; zuschauen, wie Geschenke eingepackt werden; Miniröcke; Hot Pants; Horrorfilme; alleine ins Kino gehen, wenn die Plätze vor, neben und hinter mir unbesetzt bleiben; drin sein, wenn es draussen schön ist; zum Flughafen gehen; früh aufstehen und irgendwohin fahren; aus Träumen erwachen; in einer fremden Stadt alleine in einem Hotelzimmer sein; in der Stadt leben; zu zweit in der Abenddämmerung spazieren gehen; Menschen mit Humor; starke Emotionen; die Nacht; Mitternachtsmenus; mich in Traumwelten begeben; sofort handeln; Geruch von Sommerregen; Bikinis; erregende Frauendessous; Eigenständigkeit; im Sommer hinter geschlossenen Läden bei offenem Fenster arbeiten; schlafenden Kindern beim Atmen zuhören; den FCZ; italienische Küche; Zugfahren; Bahnhöfe; kühles, klares Wasser; am Morgen nüchtern aufstehen; geschmackvoll angezogene Frauen; am Nachmittag hinter dem Fenster in einer Bar sitzen und lesen; am Schluss kalt duschen; am Abend frisch geduscht ins Bett liegen und Sex haben; spätabends in Licht gebadet lesen; Steine; Überwindungen und die Genugtuung danach; Enthusiasten; ausgelassenes Lachen; Morgentau; Ferien im November; Ideen; ungestüme Umarmungen; luxuriöse Badezimmer; Pfadinamen; Geschichten erfinden; einen Tag lang das Handy ausschalten; Stille; Hingerissenheit; laue Nächte; heftige Sommergewitter; Frauen im bleichen Licht der Nacht; Tafelrunden; Design; Eigeninitiative; das Internet; Kino; Freunde; Hotels; Erdbeeren; Zürich; Gründlichkeit; Bücher; teure Unterwäsche; im Studio arbeiten; unkonventionelle Lebensstile; bedingungslose Liebe; gesunder Ehrgeiz; Gutes tun und still sein; duschen; in leeren Zügen reisen; Tokio bei Nacht; in Rom einen Mittagsschlaf machen; Aperitif trinken; Pannen im TV; Regen; übermannende Müdigkeit, wenn ich ihr nachgeben kann; Harmonie ohne Langeweile; Geheimnisse; Drama in der Fiktion; Lust; mittendrin sein; Schnee; Ferien machen; frische Wäsche; sich freuen, weil andere sich freuen; Chili; Delikatessenläden; feines Brot; alleine eine fremde Grossstadt entdecken; den Geruch zerlassener Butter auf Pasta; warmes Herbstlicht; in Gedanken versunken am Wasser sitzen; ungeschminkte Kritik; ein steter warmer Wind, der mich jeden Finger spüren lässt; wandern gehen, immer weiter und tiefer hinein; Orchideen; Fondue; das Gefühl, schön zu sein; Regentage; frühe Morgen; späte Morgen; nachts allein in der Wohnung zu sein; Konfitüre; genaue Kunst; Leute, die selbst denken und klar denken; den Geruch von Kaffee; Flughafenlounges; verreisen, ohne zu wissen, was mich erwartet; tanzendes Sonnenlicht auf der Tapete; nach Hause kommen; wie die Haut von Frau Fischer riecht; herzhaftes Lachen; die blaue Stunde; der Geruch nach dem Regen; Fisch; gegrilltes Hühnchen; Pinienschatten; ein Feld voller Grillen; menschenleerer Strand; Zungenkuss; Schnee in grossen, leichten Flocken; Alkohol über den Wolken; im Morgengrauen wach sein; neue Socken; kalte, sonnige Herbsttage; Fahrradfahren; ruhige Hotels mit Park; fotografieren; die Serie Columbo; Licht am Velo; einschlafen; den Zustand zwischen nüchtern und betrunken sein; an einem Werktag frei haben; Hotellobbys; den Himmel über Zürich; Kinosäle; Nebel; Schnellzüge; Freudentränen; Filme, die mich berühren; in fremden Städten ins Kino gehen; Leidenschaft; lebende Künstlerinnen und Künstler; alleine am Nachmittag irgendwo ein Glas Weisswein trinken; beim Thai das schärfste Essen bestellen; im Winter Ferienkataloge studieren; Leistung, die auf Willen, Anstrengung, Überwindung und Leiden beruht; Menschen, die andere sehen und nicht beurteilen; Menschen, die ihr eigenes Interesse in den Hintergrund stellen können, um das Leben anderer besser zu machen; in der Natur allein sein und einen Sonnenaufgang oder -untergang erleben; Toleranz; Offenheit; eine Idee in eine Tat umsetzen; eine Tat in eine Idee umsetzen; unerwartet scharfe Logik; den Höhenflug, wenn man etwas entdeckt hat; Geruch von Asphalt nach einem Gewitter; Geruch des Seewassers im Hochsommer; Düfte; Farben; Blumen; frisch rasiert sein; schöne Kleider; Menschen, die neugierig sind; Müssiggang; Menschen, die zuhören; leere und volle Kirchen; schöne Stimmen; schlafen; träumen; mich betrinken; Pizza mit Peperoncino nachwürzen; den Duft von frisch gemähten Wiesen; grossflächiger Rasen; Zürich per Velo; professionell sein; zufriedene Gesichter; unkomplizierte Leute; Youtube; Mut; Privatsphäre, insbesondere meine eigene; Wetter und Wettervorhersagen; Schatten; mit einem Rockmusiker einen Abend lang in einer Bar nonstop Bier trinken; mit einem Schauspielerkollegen einen Abend lang in einer Bar Wein trinken; Sommerabende im Garten; Museen; Intelligenz und Gelassenheit.

WAS ICH NICHT MAG

Ein schlechtes Gewissen; schlechte Nachrichten überbringen müssen; nachtragende Menschen; zu leise Konzerte; immer dieselbe Werbung; keine zweite Chance zu kriegen; mein Velo ohne Luft; Laptop ohne Batterie; Leute ohne jede Begeisterung; mangelnde Wertschätzung dem Schönen und der Kunst gegenüber; Leute, die es aus taktischer Rücksicht nicht wagen, offen ihren Standpunkt zu vertreten; Menschen ohne Rückgrat; Verpackungsmaterial; Drahtkleiderbügel; wenn Leute immer die gleichen Sprüche machen; Brösmeli auf meinem Tischtuch; klebrige Fussböden; abgelaufene Esswaren im Kühlschrank; wenn an einem neu gekauften Kleidungsstück ein Knopf abfällt; Frauenversteherfilme; Paris-Hilton-artige Tussen; Scientologen; Ignoranten; Panflöten; zu heisses Wasser in der Badewanne; fehlende Innovation; lange und detaillierte Verträge; Frauen, die wegen jedem Fliegenschiss telefonieren; Missgunst; Machthunger; Lohnungleichheit; zu spät dran sein; Besserwisser; Wurzelbehandlungen; Rabauken ohne Blick für Kleinigkeiten und Alltäglichkeiten; Angeber; Müdigkeit; Hunde, die unbedingt gestreichelt werden möchten; noch blutende Steaks; teure Uhren; Nachbarn, die sich anfreunden wollen; permanente Erreichbarkeit; Text vergessen; Streit aus Langeweile; böse Blicke; Verrat; etwas beginnen und nicht zu Ende führen; Ferienerzählungen; erklären, weshalb ich etwas tue; Schuhe ausziehen müssen, wenn man in eine Wohnung reinkommt; vom Presslufthammer geweckt werden; komplizierte Frauen; klebrige Tische; Treppengeländer in U-Bahnstationen; smsen; Geschirrwaschmaschine ausräumen; Schulden bei Freunden einfordern; das verhaltene Lächeln der Besserwisser; mich bräunen; Lügner; Geiz; Respektlosigkeit; wenn ich versage; wenn mir als Stier die Kühe immer schneller werden; Leute, die nicht zuhören können; Leute, die in Gesellschaft ihr Handy bedienen; Menschen, die sich selber einladen; Menschen, die an meinem Compi arbeiten möchten; Wichtigtuer, aber Schmarotzer; schlecht vorbereitet sein; die Kontrolle über mich verlieren; eine Nervensäge am Tisch; zu viel Leergut in der Abstellkammer; zu viel gelagertes Altpapier; überfüllte Züge; Menschen, die nicht auf den Punkt kommen; Unentschlossenheit; Vorurteile; lange Sätze in Fernsehinterviews; Nachahmer; Fremdbestimmung; wenn es im Zug stinkt; durch die Wand das Lustgewimmer; Autofahren; aus gebrauchten Pet-Flaschen trinken; Gewinnspiele am Radio und am Fernsehen; wenn man mich für dumm hält; Blödel-SMS; Schwätzer; Halbwissen; zelten und trekken; Raser; streikende Computer; schlechte Stimmung – egal wo; unnötiger Aufwand; Unzuverlässigkeit; physischer Schmerz; Staatsterrorismus; wenn meine Gage lang nicht bezahlt wird; Leute, die alles gratis wollen; aufgespritzte Lippen; absagen; Missgunst; Schadenfreude; Unzufriedenheit; Verletzungen; oberflächlich sein; falsches Lachen; Verträge; hin und her; schweres Gepäck; zögern; Erwartungen; gespielte Bewunderung; Sachen verlieren, die mir lieb sind; Szenis; nach dem Auftritt mit Menschen reden, die in der Vorstellung waren; total gut drauf sein müssen; Temperaturen unter 15 Grad; Zeitumstellung; keinen Plan haben; Menschen, die sich nicht eingestehen, wie viel Platz Glück und Zufall bei ihrer Leistung einnehmen; Rücksichtslosigkeit; Rechtfertigung; Pessimismus; Menschen, die sich für besser halten als andere; Menschen, die in ihrem Erfolg zu viel ich projizieren; klebrige Moderatoren; wenn auf mir rumgehackt wird; verkochte Pasta; Wichtigtuer; lange Sitzungen; hässliche Bauten; wochenlanger Hochnebel; Fastfood; Pet-Flaschen; Lärm; meine eigene Ungeduld; Machtspiele; Respektlosigkeit; Haare im Lavabo; zu spät kommen; abgelöschtes Servicepersonal; Bettüberzüge wechseln; Füllstyropor; zu früh kommen; wenn mir nicht reiner Wein eingeschenkt wird; Unhöflichkeit; Grobheit; Cervelatprominenz; Hotelzimmer teilen müssen; auf Combox reden; arrogante Menschen; Rechthaber; eine volle Blase; überfüllte Schränke; von allem zu viel; eingerissener Fingernagel; zu wenig gewürzte Speisen.

Beat Schlatter, 1987.